Franz-Josef Wagner
Johannes Wagner

Sind die zu Fuss oder mit dem Bus aus Alemanha gekommen?

20 Jahre **P**rojekt **M**adre **R**osa
Werte schaffen
Bürger bilden

Franz-Josef Wagner
Johannes Wagner

Sind die zu Fuss oder mit dem Bus aus Alemanha gekommen?

8 Wochen im Projekt „Madre Rosa" in Brasilien

Bibliografische Information der Deutschen Nationalbibliothek:
Die Deutsche Nationalbibliothek verzeichnet diese Publikation in der Deutschen Nationalbibliografie; detaillierte bibliografische Daten sind im Internet über http://dnb.dnb.de abrufbar.

Fotos: Vanda Mendes, Mariana Silva, Lúcia Teixeira Verde, Franz-Josef Wagner, Johannes Wagner
Videos: Johannes Wagner

Herstellung und Verlag: BoD – Books on Demand, Norderstedt

ISBN: 978-3-74812623-2

Inhalt

Sind die zu Fuss oder mit dem Bus aus Alemanha gekommen?

Diese Frage stellt ein junger Schüler Sr. Gabi, als sie uns am zweiten Tag unserer Reise nach Brasilien im Projekt „Madre Rosa" den Kindern und Mitarbeiter*innen vorstellt. Für ihn ist Alemanha ein Stadtteil von São Luis. Dass jemand aus Deutschland mit dem Flugzeug zu ihnen kommt, um sie kennenzulernen und dann noch vor Ort zu arbeiten, scheint undenkbar.

Auch für uns war vor der Reise vieles unvorstellbar: die Herzlichkeit der Menschen, die Offenheit der Schwestern, die Zuneigung der Kinder, die warmen Temperaturen, das andersartige Essen, die mangelhafte Infrastruktur. Und vieles andere. Umso mehr waren und sind wir begeistert über die Zeit in São Luis und Bacabal, über die fantastischen Erlebnisse und die neu entstandenen Freundschaften.

Mit diesem Buch möchten wir Sie, liebe Leserinnen und Leser, an unseren Erfahrungen und Erlebnissen teilhaben lassen und vielleicht auch bei Ihnen Offenheit für die Menschen dort und Engagement für das Projekt „Madre Rosa" wecken. Die Arbeit und das Leben in Maranhão sind ein Schatz, der entdeckt werden will.

Die meisten Texte stammen von Franz-Josef, die Videos hat alle Johannes erstellt, Fotos haben wir beide gemacht. Aber es war unsere gemeinsame Reise. Und so ist das hier auch unser gemeinsamer Bericht, der auf den Emails aufbaut, die wir an einen kleinen Freundeskreis direkt aus Brasilien verschickt haben. Einige haben uns ermutigt, daraus ein Buch zu machen. Diesen Vorschlag haben wir gerne aufgegriffen, denn so können wir noch mehr von den Menschen erzählen und auch einige Bilder zeigen.

Dass wir diese 8 Wochen erleben konnten, war nur mit der Unterstützung vieler verschiedener Menschen möglich – Kinder, Jugendliche und Erwachsene, aus Europa wie auch aus Brasilien. Keine Aufzählung einzelner Personen, aber ihnen allen widmen wir mit einem DANKE - OBRIGADO dieses Buch!

Eggstätt, im Februar 2019
Franz-Josef und Johannes Wagner

Wie alles begann

Der 2. Mai 2018 ist ein besonderer Tag. Nicht für jeden, denn nach dem 1. Mai-Feiertag, der wettermäßig etwas besser hätte sein können, beginnt für die meisten ein normaler Arbeits- oder Schultag. Nicht so für die bayerischen Abiturienten. Sie starten an diesem Mittwoch ihre Prüfungen – Mathematik steht als erstes auf dem Programm. Die Aufregung ist auch bei Johannes zu spüren. Wie läuft das alles ab? Werden die richtigen Themen drankommen? Reicht meine Vorbereitung aus? Wie geht es wohl den Freunden?

Von alldem bekomme ich fast nichts mit, außer per SMS: „Viel Glück für Mathe!☺ ☝" – „Danke". Ich bin in Waldbreitbach, und ähnlich aufgeregt wie Johannes. Hier beginnt das Vorbereitungstreffen zum 29. Generalkapitel der Waldbreitbacher Franziskanerinnen. Auch für die 27 Ordensschwestern, die als gewählte Vertreterinnen bei dem 12-tägigen Kapitel im Juni die Richtung der Gemeinschaft für die nächsten sechs Jahre festlegen, ist es kein normaler Tag. Das Vorbereitungstreffen dient dem Kennenlernen, dem Austausch, der Einstimmung. Hier wird festgelegt, an welchen Themen im Generalkapitel gearbeitet werden wird. Welche Vorarbeiten noch nötig sind. Vor allem wird die emotionale Grundlage geschaffen: wie gehen wir miteinander um, in welcher Atmosphäre diskutieren wir, wie schaffen wir es, dass das Generalkapitel auch ein spirituelles Ereignis werden kann. Entsprechend bin ich als einer von zwei Prozessbegleitern etwas aufgeregt. Wird es ein guter Start werden? Schaffen wir eine gute, fruchtbare Stimmung? Nach der ersten Etappe am Vormittag sieht es gut aus, das Mittagessen findet in einer freudigen und entspannten Atmosphäre statt. Und auch der SMS-Verkehr mit Johannes klingt ganz positiv: „Wie lief's?" – „Passt scho'". Viel besser geht ja wohl nicht ...

Mit dem Abitur kommt die erste Zeitenwende. Schluss mit der Schule, weiter geht es mit dem Studium oder einer Ausbildung. In jedem Fall aber die Loslösung von zuhause. Und etwas von der Welt zu sehen, Neues zu entdecken, Fremdes kennenzulernen. Bereits während der Vorbereitung auf die Abiturprüfung entsteht die Idee, im Anschluss daran für einige Wochen auf einen anderen Kontinent zu reisen und dort auch etwas „Nützliches" zu tun. Niek, ein früherer Arbeitskollege aus den Niederlanden, hat eine Stiftung gegründet, die sich für verbesserte Bedingungen auf Lombok, einer Nachbarinsel von Bali, einsetzt. Ein erstes Skype-Telefonat hört sich vielversprechend an, das könnte etwas sein. Wir fassen den Herbst als günstigen Zeitraum ins Auge, schauen schon mal nach Flügen. Zwischenstopp in Singapur und ein paar Tage Aufenthalt dort – alleine der Gedanke beflügelt.

Doch erstens kommt es anders und zweitens als man denkt. In den letzten beiden Juni-Wochen findet das Generalkapitel statt. Mit dabei ist auch Sr. Lúcia Teixeira Verde aus Brasilien, die

von den Schwestern dort als Vertreterin der Region in das Generalkapitel gewählt wurde. Unter allen Kapitelteilnehmerinnen sticht Sr. Lúcia deutlich heraus: zum einen ist sie mit 38 Jahren die jüngste (das Durchschnittsalter liegt bei etwa 70 Jahren), zum anderen fällt sie mit ihren pechschwarzen Haaren und dem dunklen Hautteint auf. Außerdem ist sie die einzige Schwester, deren Muttersprache nicht Deutsch ist. Zum Glück sprechen etliche Schwestern portugiesisch, sodass auch außerhalb der Kapitelsitzungen, bei denen es zwei Dolmetscherinnen gibt, meistens jemand zum Übersetzen in der Nähe ist. So auch bei einem Abendessen, als wir uns am Tisch über alles Mögliche unterhalten. Recht unvermittelt fragt mich Sr. Lúcia: „Und, Franz-Josef, wann kommst Du uns mal in Brasilien besuchen?" Nur kurz überrascht, antworte ich: „Übernächste Woche" „Und wie lange bleibst Du?" – „Ein Jahr". An ihrem großen Blick erkenne ich, dass meine Ironie nicht angekommen ist. Also zurückrudern: „Ich könnte mir schon vorstellen, mal nach Brasilien zu kommen. Aber es muss nicht nur für mich, sondern auch für meine Familie passen. Mal schauen." Wie ein kleiner Virus nistet sich der Gedanke in meinem Kopf fest. Nach dem Kapitel überlegen meine Frau und ich zuhause, ob Brasilien eine Alternative zu dem Arbeitseinsatz auf Lombok sein könnte. Als Johannes, der zu dieser Zeit auf einer zweiwöchigen Alpenüberquerung ist, Mitte Juli nach Hause kommt, bespreche ich die Option mit ihm. Er ist durchaus offen, Südamerika kennt er genauso wenig wie Asien.

Aber gibt es dort auch etwas für uns zu tun? Bei einem Skype-Telefonat mit Sr. Lúcia und Sr. Gabi, die inzwischen wieder in Brasilien sind, wird deutlich: Baumaßnahmen, Mitarbeit im Projekt, Festvorbereitungen – Arbeit gibt es mehr als genug. Recht schnell entscheiden wir uns für Brasilien! Und als das Auswärtige Amt nach dem furchtbaren Erdbeben eine Reisewarnung für Lombok herausgibt, bestätigt sich, dass wir intuitiv die richtige Entscheidung getroffen haben.

Unterwegs nach Brasilien

Als am Morgen um 3:00 Uhr der Wecker klingelt, bin ich schon wach. Obwohl ich die letzten Tag recht „cool" war, bin ich wohl doch etwas aufgeregt. Die Reise nach Brasilien geht endlich los. Endlich! Die Vorbereitung hat die vergangenen Tage dominiert, der Versuch, mit einem spontanen Brunch am Samstag auf unserer Terrasse auch mal über anderes zu reden, hat nur bedingt geklappt. Aber zumindest hatte die Vorbereitung des Brunch nichts mit Brasilien zu tun, denn es gab unser traditionelles Brunch-Essen: Aufstriche, Burger, Salate. Leider hatten so spontan etliche keine Zeit für den Besuch, aber es war auch in kleiner Runde toll!

Nach dem Brunch: packen! Wie verpackt man 9 kg Gummibärchen, 2 kg Schokolade, 7 Blockflöten, Malstifte, Spielkarten und 5 Fußbälle zwischen den Kleidern, wenn man außer ein paar T-Shirts und kurzen Hosen nichts mitnehmen muss. Regenanorak und Daunenjacke sind überflüssig, genauso Winterschuhe und lange Unterhosen. Nach 2 Stunden ist alles verstaut und wird hoffentlich den Transport gut überstehen. Die kleine Gitarre, die wir für Sr. Gabi transportieren, kommt ins Handgepäck. Wenn

uns langweilig wird, werden wir uns als Straßenmusiker versuchen. In einem Land, das den Rhythmus so im Blut hat wie Brasilien, wären wir

Dilettanten bestimmt eine kleine Sensation.

Um 3:30 Uhr fahren wir los zum Flughafen. Im Radio geht es nur um die Wahl in Bayern. Wir hören gar nicht mehr hin. Iris erzählt, dass am Samstagabend um kurz nach halb zehn noch Klaus angerufen hat, um uns eine gute Reise zu wünschen. Wie nett ist das denn! Schade, dass wir den Anruf verpasst haben wegen frühem Schlafen, aber der Gedanke an die Geste macht Freude. Freunde sind wirklich etwas Wunderbares!

Sicherheitskontrollen am Flughafen machen so viel Spaß wie ein Besuch am Zahnarzt: wenn's nichts zu bohren gibt und das Personal nett ist, kann man es gerade so aushalten. Wir kommen gut durch. Dann zum Gate im Bereich K – ein relativ neues Terminal in München mitten auf dem Rollfeld. D.h. zwei lange Rolltreppen runter, 4 Minuten warten, 1 Minute U-Bahnfahrt, zwei lange Rolltreppen hoch. Schock am Gate: es gibt keine Zeitun-

gen. Im ganzen Bereich K nicht. Da wir noch 30 Minuten Zeit haben bis zum Boarding, mache ich die Tour zurück: Rolltreppen runter, warten, Zugfahren, Rolltreppen hoch. Im Bereich G werde ich fündig, ergattere eine ZEIT, eine FAZ Sonntagszeitung und ein Sportmagazin – für Lesestoff ist gesorgt. Und bin noch pünktlich zum Boarding wieder zurück.

Als wir São Paulo, die Riesenstadt mit 21 Millionen Einwohnern in der Metropolregion erreichen, sind wir schon mehr als 15 Stunden unterwegs. Alles läuft reibungslos, im Flieger gab es sogar fleischloses Essen. Und Schokolade und Gummibärchen (nicht aus dem Geschenkfundus für Brasilien, sondern von Freunden zum Abschiedsbrunch mitgebracht!) helfen über den Abschiedsschmerz. Es bleibt die vorfreudige Erwartung: was kommt auf uns zu? Wie können wir uns verständigen? Können wir wirklich helfen und uns nützlich machen? Wie werden wir mit dem Klima zu Recht kommen? Tief drinnen haben wir die Sicherheit, dass es gut werden wird. Und wir sind froh, gemeinsam unterwegs sein zu können.

Die Kinder in Brasilien

Die Kinder! Die Kinder sind das Beste an Brasilien. Natürlich sind die Kinder überall das Beste, aber diese hier sind schon was Besonderes, mit ihrem Lachen, ihren Fragen, ihrer Herzlichkeit, ihrer Lebendigkeit. Der Reihe nach: es ist Dienstag, wir sitzen noch beim Frühstück, als wir schon die ersten Stimmen hören. Gegenüber vom Kloster sind die Gebäude des Kinderprojekts „Madre Rosa". Hierhin kommen an jedem Wochentag etwa 100 Kinder. Außer am vergangenen Montag, da war nämlich der „Tag der Schüler" und deshalb schulfrei … wahrscheinlich eine Spar-maßnahme der Regierung, um bei den Lehrern, die sowieso schon sehr schlecht bezahlt werden, noch mehr einsparen zu können. 100 Kinder, eingeteilt in zwei Gruppen, eine am Vormit-tag, die andere nachmittags. Denn der Schulunterricht findet

auch in zwei Schichten statt, dann werden die wenigen Gebäude besser genutzt.

Als wir um 8 Uhr zu unserer Baustelle gehen – wir helfen bei der Erstellung eines zweiten Stockwerks auf dem einen Gebäude des Kinderprojekts – dröhnt uns wohlriechende Musik entgegen. Wohlriechend, denn in der Küche wird schon gekocht. Musik, denn in dem einen Saal, ein ziemlich großer Raum mit hellen Fliesen und Spiegeln an der Wand, üben etwa 15 Mädchen zwischen 7 – 11 Jahren eine Choreographie, mit Ballett-Elementen, viel Bewegung und lauter Musik. In den anderen Räumen wird Gitarre geübt, alle gleichzeitig, aber es klingt trotzdem gut und fröhlich. Eine schöne Atmosphäre!

Um 10 Uhr gibt es Merenda. Das ist eigentlich eine Zwischenmahlzeit, aber für viele Kinder stellt sie Frühstück und Mit-

tagessen in einem dar. Denn zuhause gibt es oft nichts oder nicht genug. Reis mit Gemüse und Wurststückchen. Es scheint so zu schmecken, wie es duftet, denn ganz konzentriert sitzen die Kinder an den Tischen und essen. Sr. Rita, eine der Franziskanerinnen aus dem Konvent von gegenüber, nutzt die Gelegenheit, um uns vorzustellen und den Kindern einen Teil der Mitbringsel zu zeigen. Als sie ankündigt, dass es zum Nachtisch für jeden ein paar Gummibärchen gibt, ist die Freude riesig. Mit großen, interessierten Augen schauen uns die Kinder an. Zwei so lange Kerle mit wenig brasilianischem Äußeren, das gibt es selten zu sehen. Sie bestürmen uns mit ihren Fragen. Wo kommt ihr her? Wie heißt ihr? Wie alt seid ihr? Warum ist Johannes erst 18 Jahre alt, wenn er schon so groß ist? Wie lange bleibt ihr? Gut, dass wir wenigstens ein paar portugiesische Ausdrücke können, der Rest geht mit Händen und Füßen. Und dann: Bilder machen! Alle wollen fotografiert werden, freuen sich, wenn sie sich anschließend selber auf dem Handy anschauen können. Es ist so herzlich, so lustig, so freudig.

Ein Kind bringt ein Dame-Spiel. D.h. eigentlich ist es nur ein Papp-Schachbrett, als Spielsteine dienen die Deckel von Soft-Drinks. Johannes spielt gegen einen der Jungen. Aber es spielen alle zusammen, jedes Kind gibt Ratschläge, kommentiert die Spielzüge. Johannes hat die besseren Helfer – er gewinnt zwei Runden. Und ist genauso stolz wie die Kinder. ☺

Am Nachmittag wiederholt sich das Prozedere mit der zweiten Gruppe. Andere Kinder, gleiche Herzlichkeit und Fröhlichkeit. Einfach fantasticó!

Unsere Baustelle

Die erste Arbeitswoche ist geschafft! 5 volle Tage, von Montagmittag bis Samstagmittag. Montagmorgen zeigen Sr. Gabi und Sr. Rita uns zuerst das Kinderprojekt, bestehend aus zwei Gebäuden, die direkt gegenüber vom Kloster in der Favela-ähnlichen Siedlung liegen, dann das „Kloster", ein zweistöckiges Haus, das sich von außen nur wenig von anderen Schwarzbauten unterscheidet. Das Kinderprojekt betreut ca. 100 Kinder, und könnte noch viel mehr aufnehmen – alleine es fehlt an Platz, und vielleicht auch an den finanziellen Möglichkeiten. Am Platz wird

gearbeitet: das größere Gebäude – in Deutschland würde man es als Multifunktionstrakt bezeichnen, mit zwei Klassenzimmern, einem Büro, einer Küche samt Abstellkammer und einer großen, überdachten Terrasse zum Essen – bekommt einen zweiten Stock. Über eine wackelige, steile Leiter turnen wir nach oben und stehen: im Chaos! Kleine und große Dachsparren, Bauholz, Ziegel, Sand und Kies, Zement, Eisenträger, Werkzeuge, Gerüste und ein 1000-L-Wassertank. Es ist erstaunlich, dass man sich hier überhaupt noch

bewegen, geschweige denn arbeiten kann. Aber das ist unsere eigene Voreingenommenheit. Wir lernen João, Dino, Davide und Kleber kennen, und die beherrschen das Chaos. Sie wissen, was sich wo befindet, und wohin es geräumt werden muss, damit an einer bestimmten Stelle gebaut werden kann. 4 freundliche Brasilianer, die perfekt Portugiesisch sprechen, aber kein Englisch und kein Deutsch. Zum Glück gibt es Hände und Füße!

Als am Montagnachmittag unser „Einsatz" beginnt, bekommen wir als erstes Handschuhe! Schöne, funkelnagelneue Lederhandschuhe. Sie werden unsere treuen Begleiter während der ganzen Woche, und wir schämen uns fast, dass wir eine so tolle Ausstattung haben, während Davide und Kleber, die beiden Hilfsarbeiter, mit zerschlissenen Handschuhen aus Stoff arbeiten. Glücklicherweise zeigt uns Kleber am Dienstag, dass er auch neue Stoffhandschuhe hat, die aber geschont werden, solange die alten noch nicht komplett auseinanderfallen.

Was können wir auf der Baustelle tun? Unsere drei häufigsten Aufgaben: 1. Sand, Splitt und Zement auf die Baustelle schaffen. 2. Eimer mit Schalungsbeton nach oben hieven. 3. Gerüste und Verschalungen auf-, ab- und umbauen. Bei den beiden Letzteren kommt uns die Körpergröße sehr zur Hilfe, denn die Leute hier sind zumeist einen Kopf kleiner als wir. (Eines der Kinder aus dem Projekt hatte bei unserer Vorstellung zu Sr. Gabi gesagt: „Zwischen den beiden komme ich mir vor wie eine Ameise" ☺). Da ist es einfach praktisch, wenn der volle Eimer ohne Zwischenstation in die Hände von Dino gelangt, der in fast 3 Metern Höhe den Beton in Schalung für die Zwischenträger gießt.

Der größte Unterschied zu einer deutschen Baustelle ist die Ruhe. Äußerlich – denn außer einer Handkreissäge für das Bauholz und einer Flex für die Stahlträger gibt es keine Maschinen. Alles wird von Hand gemacht, die Lasten per Flaschenzug auf die Baustelle geschafft, Beton von Hand gemischt und aus dem Eimer in die Verschalung eingefüllt. Man kann miteinander reden und muss sich nicht anbrüllen. Und innerlich – es wird beständig und zügig gearbeitet, aber ohne Stress. Regelmäßiges Trinken ist notwendig und tut das seine dazu, keine allzu große Hektik aufkommen zu lassen. Überhaupt das Trinken: ca. 4 L Wasser rauschen während der Arbeit durch unsere Kehlen, und werden umgehend in Schweiß umgesetzt, das T-Shirt ist immer feucht. Wie gut, dass die Schwestern eine Waschmaschine haben.

Wir lernen viel über das Mauern und Betonieren, wir könnten Fynn Kliemann noch ein paar Tipps geben (das ist ein Insider-Witz, wer ihn nicht versteht, bitte bei Youtube: „Fynn Kliemann Mauer" eingeben und anschauen) ☺

Die Arbeit macht uns viel Spaß, und gleichzeitig freuen wir uns auf den Sonntag als Pausentag. Die erste Arbeitswoche feiern wir am Samstagabend mit Pizza und Caipirinha im Garagengarten …

Bau meine Kirche wieder auf ...

"Amanhã na igreja – Morgen bei der Kirche" sagen João, der Bauleiter und Dino, der Polier während der Merenda. Was ist morgen bei Kirche? Sonntag ist doch erst übermorgen, und da findet der Gottesdienst statt. Zwischen Milchreis und Acerolasaft, und mit den rudimentären Portugisisch-Kenntnissen dauert es eine ganze Weile, bis klar wird, um was es geht: Morgen, am Samstag, wird an der Kirche gearbeitet. João und Dino sind als Profis, aber ehrenamtlich und ohne Bezahlung dabei. Deshalb war Pater Nairton, der Leiter der Pfarrei, am Vortag im Projekt auf der Baustelle und ist die steile Leiter hochgeklettert, um mit João zu sprechen! So langsam dämmert es uns ...

Bei einem heftigen Gewitter ist vor 1½ Jahren das Dach der alten Kirche von Vila Itamar eingebrochen. Verletzt wurde zum Glück niemand, aber das Gotteshaus, Zentrum der Pfarrei und Treffpunkt für die Katholiken aus der Gegend, war unbenutzbar. Mit viel Elan und wenig Geld macht sich die Pfarrei dran, eine neue Kirche aufzubauen – größer, schöner und hoffentlich sicherer als die Alte. Schon bei unserer nächtlichen Ankunft in São Luis haben wir den Rohbau gesehen, ohne Fenster und Türen, dafür mit einem riesigen Sandhaufen vor dem Haupteingang. Da ist noch eine Menge zu tun, bis die Kirche bezugsfertig ist. Umso erstaunlicher für uns, dass wir mittwochs dorthin zum Abendgottesdienst gehen und erleben, wie Pater Jacó, der Älteste der 3 Patres, die in der Pfarrei arbeiten, auf der Baustelle mit etwa 50 Brasilianern die Messe feiert. Ohne Gemälde und kirchlichen Schmuck, aber mit einer mobilen Lautsprecheranlage. Und weil das Gebäude noch komplett offen ist, hat die ganze Nachbarschaft auch noch was davon ☺

Samstagmorgen also schnappen wir uns nach dem Frühstück die Arbeitshandschuhe sowie die Wasserflasche und machen uns auf den Weg zur Kirche. Unter den etwa 20 Arbeitern entdecken wir João und Dino, die uns herzlich begrüßen. Verputzen ist angesagt, und João organisiert die Abläufe: Sand und Zement beischaffen, Putz anrühren, Gerüst aufbauen, die Verputzer mit Material versorgen. Schnell haben wir unseren Platz gefunden: ich ziehe die vollen Eimer mit dem Putz per Flaschenzug nach oben, Johannes leert sie dort aus und hängt mir die leeren Eimer wieder an das Seil. Die Verputzer sind das Nadelöhr – ihr Tempo

bestimmt den Fortgang der Arbeiten. So ist nur etwa die Hälfte der Freiwilligen wirklich beschäftigt, die anderen stehen mehr oder weniger herum und sorgen für gute Stimmung. Es wird viel und laut gelacht, eine fröhliche und entspannte Atmosphäre. Ab 9.30 Uhr kommen noch einige neue Arbeiter hinzu, legen kurz Hand an. Für uns deutsche Effizienzmeister ergibt das spontan wenig Sinn. Der leuchtet uns erst ein, als um 10 Uhr fleißige Helferinnen die Merenda in die Kirche bringen: Reis mit Bohnen und Wassermelone. Deswegen sind so viele Arbeiter da. Beim Essen gibt es auch kein Rumstehen.

Nach der Pause wird das Gerüst umgebaut, damit das nächste Wandstück verputzt werden kann. Hier kommt unsere Körpergröße gerade recht: in 6 Metern Höhe werden die Gerüstteile abgebaut und nach unten gereicht. Lange Arme sind ein klarer Vorteil. Aufpassen muss man trotzdem. Plötzlich tut es einen Schlag, eine Kelle ist krachend auf dem Boden aufgeschlagen. Gott-sei-Dank war dort niemand, das hätte schief gehen können. Der ungeplante Weckruf hilft allen, wieder mehr Vorsicht walten zu lassen.

Als zwei Stunden später das Mittagessen gebracht wird, machen wir uns aus dem Staub. Es gibt genügend hungrige Arbeiter vor Ort; wir haben das Glück, dass auch im Haus der Franziskanerinnen ein Mittagessen auf uns wartet. Und da wirklich genügend Helfer an der Kirche sind, geben wir uns spontan den Nachmittag frei. Ein Mittagsschläfchen ist nach der Arbeit und bei den hohen Temperaturen nicht zu verachten.

Tour durch Vila Itamar

Das Land unter uns ist stockfinster, als das Flugzeug von São Paulo nach mehr als 3 Stunden Flugzeit weit nach 23 Uhr in den Landeanflug geht. So sehr wir uns auch anstrengen, man kann nicht wirklich etwas erkennen. Erst in den letzten Minuten leuchten die Lichter von São Luis auf, dann die Strahler des Flughafens, und schon setzt das Flugzeug auf. Wir sind wohl über Vila Itamar geflogen, diese kleine Ortschaft am Stadtrand von São Luis, direkt neben dem Flughafen gelegen, die in den nächsten Wochen unser Aufenthaltsort sein wird. Dank Google Maps konnten wir uns vorab ein Bild machen – aus dem Flugzeug war nichts zu erkennen. Auch aus dem Auto, mit dem Sr. Gabi und Sr. Rita uns vom Flughafen zu ihrem Haus fahren, nehmen wir nicht viel wahr. Das liegt jedoch eher an der Müdigkeit, denn wir sind seit fast 30 Stunden auf den Beinen.

5 Tage später, am Samstagnachmittag ist es soweit: wir wollen etwas mehr von unserer unmittelbaren Umgebung sehen. „Lasst Fotoapparat, Handy, Geldbeutel zuhause, dann kann es euch nicht abgenommen werden!" warnt Sr. Gabi. Die Stories der Schwestern über räuberische Übergriffe klingen uns in den Ohren. Jede von ihnen hat schon ihre eigenen schlechten Erfahrungen gemacht, manche auch mehrmals. Ihre Vorsicht und Sorge um uns berührt uns. Aber wer kann uns schon was anhaben? Also gut, als Kompromiss bleiben Digitalkamera und Geldbeutet zurück, aber Handy und Kreditkarte werden eingesteckt. Und natürlich die kleine Wasserflasche.

Mit offenen Augen gehen wir durch die Straßen von Vila Itamar. Was wir sehen: viele Schlaglöcher, Abwässer und Abfälle, unverputzte Häuser mit vergitterten Eingangsbereichen. Mit unserer gepflegten oberbayerischen Dorflandschaft hat das wenig gemeinsam. Dazwischen sehen wir aber auch: viele Kinder, die auf der Straße spielen und uns neugierig-freundlich anschauen. Vor den Häusern sitzen bisweilen Erwachsene auf Plastikstühlen, unterhalten sich und essen oder trinken. Autos gibt es fast keine, dementsprechend ruhig ist es. Alles wirkt superentspannt. Bei der Vorab-Recherche im Internet haben wir gesehen, dass sich westlich von Vila Itamar ein großer grüner Park anschließt. Da wir keine Karte haben, orientieren wir uns an der Sonne, was nicht wirklich schwierig ist. Der Ortsrand kündigt sich durch Straßen an, die nicht mehr asphaltiert sind – Schlaglöcher haben sie trotzdem. Man sieht, dass Vila Itamar an den Rändern weiter wächst. Der „Park" entpuppt sich als Walachei, undurchdringbar und wenig attraktiv. Anwohner haben begonnen, dem grünen Urwald kleine Parzellen abzutrotzen und in Felder umzuwandeln. Mit lautem Knacken taucht neben uns ein riesiges Hausschwein auf. Es ist eine andere Welt.

Wir laufen weiter Richtung Süden. Auf einer Straße spielen Kinder und Jugendliche Fußball: jeweils 2 Ziegelsteine dienen als Tor, der halbplatte Plastikball ist heiß umkämpft. „Franz! Johannes!" ruft da einer der Jugendlichen. Es ist Kleber, der mit uns auf dem Bau arbeitet. Wir hätten ihn fast nicht erkannt, umso größer ist die Freude über das unerwartete Wiedersehen. Nach einer kurzen Unterhaltung mit den paar Brocken Portugiesisch, die wir können, wollen wir weiter. Kleber stoppt uns. Er will, dass wir nicht weiter nach Süden laufen. „Zu gefährlich", sagt er. So richtig einleuchten will uns das nicht. Aber er muss es wissen. Vor fast 2 Jahren ist sein Bruder ums Leben gekommen, als er nachts zufällig in eine Auseinandersetzung zwischen zwei Dro-

gen-Banden geriet. Die Auswir-
kungen davon sind bei Kleber
immer noch zu spüren.

Wir vertrauen seinem Rat
und biegen auf einen Weg Richtung des Zentrums von Vila Itamar ein. Rasch wird der Weg
schmäler, und führt dann hinab
zu einem großen Graben. Alte
Autoreifen dienen als Stufen auf
dem steilen Pfad, dann kommt
eine Brücke, gegen die jede
Hängebrücke in Nepal luxuriös
erscheint. ‚Das muss ich im Bild festhalten‘, denke ich und zücke
mein Handy. Leider ziehe ich damit auch die Kreditkarte aus
meiner Tasche und sehe, wie sie vor mir zu Boden fällt.
‚Schei..benkleister, wenn die jetzt ganz abstürzt!‘ Aber ich habe
Glück, sie bleibt auf den Holzbrettern der Brücke liegen. Den
Schweiß von der Stirn wischend, stecke ich die Plastikkarte in
eine andere Hosentasche, damit mir das nicht noch mal passiert.

Das vermeintliche Zentrum des Ortes besteht aus einer etwas breiteren Straße, in der sich ein Geschäft an das andere
reiht: Baumaterialien, Kleider, Friseur, Schreibwaren, Metzgerei,
Eiswürfel, Getränke, Lotto, Lebensmittel, Farben. Die Vielfalt ist
groß, es scheint alles zu geben. Wir gehen in den Supermarkt,
das größte Geschäft am Platz. Bei uns würde das als besserer
Tante-Emma-Laden durchgehen, so klein ist der Laden. Aber das
Sortiment ist riesig. Wir schauen, studieren die Preise, rechnen
um und vergleichen … und gehen dann wieder, ohne dass wir
etwas kaufen. Eigentlich brauchen wir nichts.

Das ändert sich, als wir wieder im Kloster sind. Sr. Gabi bereitet gerade das Abendessen vor. „Zur Feier des Tages könnten wir doch Caipirinha machen", sagt sie. Uns ist das recht, schließlich haben wir das Nationalgetränk noch nicht probiert. Aber der Zuckerrohrschnaps, neben dem Limettensaft und dem Zucker Hauptbestandteil, ist alle. Kein Problem für uns, wir wissen schon genau, wo er im Supermarkt steht. Wir schnappen unseren Rucksack und sind weg. 2 Flaschen Schnaps, für 10 Reais (etwa €2,50). Betrinken ist in Brasilien nicht teuer.

Als wir aus dem Geschäft wieder auf die Straße treten, wartet dort Jefferson auf uns. Er ist eines der Kinder aus dem Projekt, ein aufgeweckter Junge, der aus einem schwierigen Umfeld kommt. Seine Eltern sind beide im Gefängnis, seine Großmutter, bei der er lebt, weiß nicht so recht, wie sie mit ihm umgehen soll. Unter der Woche gibt ihm die Zeit im Projekt Halt und Stütze, aber an den Wochenenden lungert er viel auf der Straße herum. Trotz aller Unzulänglichkeiten ist er aber ein netter Kerl, und wir freuen uns, ihn zu sehen. Mit seinem Fahrrad, einem alten Bonanzarad, begleitet er uns und redet feste auf uns ein. Wir verstehen nicht viel – lustig ist es trotzdem.

Am Montagabend erzählt uns Sr. Gabi, dass Jefferson sie angesprochen hat.

„Schwester", sagt Jefferson, „weißt Du, dass die Deutschen Alkohol trinken?" –

„Nein, das kann ich mir nicht vorstellen." –

„Doch, ich habe genau gesehen, wie sie am Samstag im Supermarkt Pitú [brasilianischer Zuckerrohrschnaps] gekauft haben." –

„Ach so", erwidert Sr. Gabi, „den haben sie für mich gekauft, den brauche ich für eine Medizin."

Ob Jefferson das wohl geglaubt hat? Aber Caipirinha hilft der Verdauung und geht – in Maßen genossen – bestimmt als Medizin durch. ☺

Sonntag

Zum Glück hat das Auto eine gute Klimaanlage. Es ist ein VW Voyage, in etwa so groß wie ein Golf, und wir sitzen zu dritt auf der Rückbank. Sr. Rita hat den Platz zwischen uns Beiden. Die Fahrt dauert eigentlich nicht lange, aber ohne AirCondition wären wir bei fast 30°C Außentemperatur in kürzester Zeit durchgeschwitzt. Zumal wir lange Hosen tragen – zum ersten Mal seit unserer Ankunft vor einer knappen Woche. Es ist erst 8:30 Uhr, und wir sind unterwegs zur Kirche „Nossa Senhora da Conceição". Am Sonntag schafft man die etwa 15 km lange Strecke ganz gut in 20 Minuten, während der Woche braucht man im Berufsverkehr auch locker mal eine Stunde.

Als wir die Kirche um zehn Minuten vor 9 Uhr betreten, ist sie schon gut gefüllt – nur die rechte Seite ist noch komplett mit einem schwarzen Band abgesperrt. „Heute ist der Gottesdienst speziell für die Kinder", erklärt Sr. Gabi, „und die haben vorher noch Katechismus-Unterricht." Das hält aber einige Kinder und auch Erwachsene nicht davon ab, sich unter dem Band durchzudrängeln und in den Bänken Platz zu nehmen. Natürlich geht das nicht leise vonstatten. Aber das stört hier niemanden. Im Gegenteil, in allen Bänken wir laut palavert, Bekannte begrüßen und umarmen sich, die letzten Neuigkeiten werden ausgetauscht, es ist eine lebhafte und freudige Atmosphäre.

Kurz vor neun greift der Pfarrer, ein älterer Herr in grauem Hemd, schwarzer Hose und schwarzen Sandalen, zum schnurlosen Handmikrophon und macht den „Anwärmer": er begrüßt die Kinder, die vermehrt aus einem Nachbarsaal kommen, stimmt die ersten Lieder an, geht den Bänken entlang und schüttelt die

Hände. Die Mini-Band, zwei junge Männer mit Gitarre und E-Bass, übernehmen, es wird das Willkommen-Lied gefühlt 5x gesungen. Als der Pfarrer mit den Ministranten und Lektorinnen wenig später von hinten einzieht, ist die Kirche fast voll. Offene Türen und

21(!) Ventilatoren sorgen dafür, dass auch bei 400 Menschen in dem Gebäude, das mit seinen Hängepflanzen und Fenstern eher wie ein Wohnhaus als wie eine Kirche wirkt, die Luft nicht zu stickig wird. Und bei den offenen Türen fällt es auch weniger auf, dass eigentlich permanent Leute noch kommen oder auch wieder gehen. So ist das auch mit uns: um 10:35 Uhr – die Kommunion ist gerade vorüber – entschwinden wir durch den Seitenausgang, denn Sr. Rita muss zum Bus, um nach Terresina zu fahren. Die letzte halbe Stunde des Gottesdienstes verpassen wir. 2 Stunden, das ist in Deutschland kaum vorstellbar. Wir sind überrascht, wie schnell die Zeit vergangen ist. Es wird sehr viel gesungen, rhythmisch geklatscht, die Lieder werden mit Bewegungen begleitet. Wieviel lebendiger und lockerer als bei uns. Und trotzdem ist es eine lange Zeit, die den Menschen, die hier zum Gottesdienst gehen, aber wichtig ist.

Am Nachmittag fahren wir mit Sr. Gabi und Sr. Lucía in die Stadt. São Luis ist Weltkulturerbe – ein Erbe, das offensichtlich keiner so richtig antreten will.

„Der Reiz des Morbiden" lautete die Überschrift in der Süddeutschen Zeitung zu einer Ausstellung von Fotos von verlassenen Häusern und zerfallenden Fabrikhallen. Das trifft auch auf viele, ehemals wunderschöne Häuser aus der Kolonialzeit zu. Kunstvolle Kacheln bröckeln von den Wänden, die feuchte, salzige Luft greift überall an. Zwei große Kirchen, die Kathedrale von São Luis und die Kirche der Kapuziner, sind noch in einigermaßen gutem Zustand, aber auch das ist nur mit permanenten Renovierungen möglich. Und die kosten einfach viel Geld. Bei den Kapuzinern stehen 7(!) Opferstöcke und bitten um Unterstützung. Wir zünden eine elektrische Kerze an und denken an Familie und Freunde!

Am besten erhalten ist der große Gouverneurspalast, der oberhalb des Meers thront. Wir bekommen eine kostenlose Führung, und die junge Studentin ist froh, dass sie ihre Englisch-Kenntnisse anbringen kann. Jede Vase, jedes Bild wird erklärt,

die Teppiche aus dem vergangen Jahrhundert bewundert und die Bedeutung der Räume gewürdigt. Viele Daten, aber keine spannenden Geschichten. Das ist schade, dafür entschädigt aber der Blick aus dem Fenster auf den Garten und das Meer!

Die Sonne geht schon langsam unter, als wir an den Strand kommen. Hier lassen viele ihren Sonntag ausklingen, radeln oder joggen (das macht uns bei 32°C nicht wirklich an ☺), spazieren, essen, trinken, oder waten im Wasser. Fürs Baden ist es zu spät, wir haben auch keine Schwimmsachen dabei. Also wenigstens kurz die Füße ins Wasser. Es ist recht warm, und mit den Wellen schon verlockend. Schade! Aber es wird noch mehr Gelegenheiten geben.

Zum Abschluss noch eine Kokosnuss: gekonnt schlägt sie der Verkäufer mit einer Machete auf, Strohhalm rein, fertig! Das Kokoswasser ist sehr köstlich, und gleichzeitig auch noch supergesund wegen der Elektrolyte. Die Sonne verschwindet, der Mond zieht auf, und wir sind dankbar und zufrieden. Und ein bisschen müde sind wir auch. Ein schöner Sonntag!

Eine neue Aufgabe

In schwarzer Farbe steht auf der Tafel: „Voce fala inglues? Vem-ca e aprenda" – „Sprichst Du Englisch? Komm her und lerne". Seit Montag haben wir eine neue zusätzliche Aufgabe. Wenn die Kinder mit der Merenda (Brotzeit) fertig sind und die Bauarbeiter zu ihrer Pause kommen, unterrichten wir Englisch. Zwischen 5 und 20 Kinder drängen sich um uns, wollen ihre ersten Englisch-Kenntnisse beweisen und Neues dazulernen. Wir starten mit Grußformeln zu den unterschiedlichen Tageszeiten:

Bom dia (good morning), boa tarde (good afternoon), boa noite (good night). Es gibt immer jemanden, der schon weiß, wie der entsprechende englische Ausdruck heißt. Zumindest halbwegs. Schwieriger ist die Aussprache. Das „Good" klingt eher wie „Gucci". Das hat mit der Modemarke nichts tun, sondern sie sprechen es halt so aus, wie es als portugiesisches Wort aussprechen würden. Manchmal müssen wir über die Aussprache richtig lachen, gleichzeitig erinnert es uns daran, dass die paar Brocken Portugiesisch, die wir können, aus unseren Mündern bestimmt genauso lustig klingen. Mit einem Lied geht es leichter: „Good morning, good morning, good morning to you, good morning, good morning and how do you do." Mit den vielen fröhlichen

Kinderstimmen klingt es genauso wie in einer deutschen Klasse, die den ersten Englisch-Unterricht hat.

Das Lerninteresse ist riesig, und wir nutzen jede Gelegenheit, untertags mit den Kindern die Worte einzuüben. Begrüßungen laufen zweisprachig, mit großem Engagement wird alles wiederholt. Wie geht's – how are you, verstehen die Kinder sehr schnell, dann auch die Brasilianer fragen ständig, ob alles in Ordnung ist: „Tudo bem?" Darauf wird üblicherweise mit dem gleichen Ausdruck geantwortet: „Tudo bom!". So ist es eigentlich kein Wunder, dass sie auf die Frage „How are you?" mit einem breiten Grinsen lieber das gleiche wiederholen; „I am fine" geht ihnen viel schwerer über die Lippen. Am Dienstag beginnen wir, das Schreiben zu üben. Abwechselnd dürfen die Kinder neben den portugiesischen Ausdruck den entsprechenden englischen schreiben. Das kostet einige schon mehr Überwindung, vor allem, wenn hinter ihnen die anderen stehen und lauthals korrigieren. Spaß macht es trotzdem, und sie sind Stolz, wenn es geklappt hat und sie von uns gelobt werden. Für uns eine tolle Ergänzung zur Arbeit auf der Baustelle!

Am Mittwoch kommen die Mitarbeiterinnen (Educatores) zu uns. Wir sollen doch auch Deutsch unterrichten. So gut wir es mit unseren geringeren Portugiesisch-Kenntnissen können, argumentieren wir, dass Englisch als Weltsprache weitverbreiteter und deshalb für die Kinder viel besser sei. Und dass zwei neue Sprachen doch eine große Herausforderung sein. Nein, nein, Deutsch sei doch schon gut. Nur ganz langsam kapieren wir, was ihr eigentliches Anliegen ist: die Mitarbeiterinnen wollen Deutsch lernen. Da sind wir ganz schön auf dem Schlauch gestanden. Mit etwas Nachdenken verstehen wir aber auch ihre Intention. Immer wieder kommen Schwestern und andere

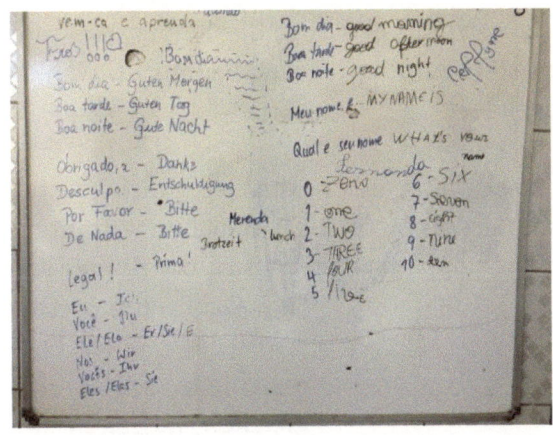

Freunde und Mitarbeiter der Franziskanerinnen aus Deutschland zu Besuch. Wie schön wäre es, diese in Deutsch begrüßen zu können. Also gut, wir starten noch ein zweites „Sprachprogramm", schreiben die wichtigsten Begriffe in Deutsch auf die Tafel, und nutzen die kleinen Pausen und Begegnungen, um sie einzuüben. Das Interesse ist genauso groß wie bei den Kindern. Jetzt sind schon drei Sprachen im bunten Durcheinander zu hören.

Am Freitag kommen drei Freunde der Ballettlehrerin Mariana ins Projekt. Die jungen Männer gehören zur gleichen Kirchengemeinde wie Mariana und haben in den Geschäften ihrer Wohngegend für das Projekt „gebettelt". Reis, Nudeln, Bohnen, Zucker, Manjokmehl – eine Menge Lebensmittel sind zusammenkommen, damit kann Donna Magna, die Köchin, etliche gute Merendas machen. Mit einfachen aber klaren Worten erzählt Philippe, einer der drei, warum Sport besser ist als Drogen, wa-

rum es wichtig ist zu lernen und ermutigt die Kinder, die sehr konzentriert und interessiert zuhören, ihren Weg gut zu wählen und zu gehen. Gute Vorbilder!

Der Ballettunterricht begleitet uns hörbar die ganze Woche: Für die 60-Jahr-Feier studieren jeweils 8-10 Mädchen vormittags und nachmittags einen Tanz auf ein Lied ein, dass der Bruder von

Sr. Gabi komponiert hat. Wie in einer Endlosschleife dröhnen die gleichen Passagen immer wieder zu uns auf die Baustelle. Die Melodie können wir inzwischen komplett auswendig, und bald wahrscheinlich auch den Text. Ab und zu werfen wir einen verstohlenen Blick in den Ballett-Saal. Mit Anmut tanzen die Mädchen und für uns sieht es schon richtig gut aus. Aber Mariana ist eine strenge Lehrerin und will, dass alles perfekt wird. Es sind ja noch ein paar Wochen bis zum Fest. Und zum Glück brauchen wir bei dem Tanz nicht mitzumachen. Uns fehlen im Vergleich zu den Mädchen Anmut und Beweglichkeit. ☺

Von Moskitos und anderen lieben Tierchen ...

„Nur Baumwollbekleidung, am besten in hellen Farbtönen, und für alle Fälle Autan". Sr. Wilma, die viele Jahrzehnte in Brasilien lebte, hatte uns gewarnt. Und hatte recht: Im Zimmer sitzen die Moskitos immer in den dunklen Ecken. Ein Bewegen der dunklen Vorhänge, ein leichter Stoß gegen den schwarzen Rucksack, der auf dem Stuhl steht, schon heben einige der kleinen Plagegeister ab. Mit beiden Händen versuche ich sie zu erwischen – oft vergebens. Es kommt mir vor, als würden sie das Aufeinander-klatschen der Hände als Applaus für sich verstehen. Aber ich mache weiter. Schließlich geht es um die Nachtruhe. Ein einzelner Moskito, der direkt am Ohr summt, bringt mich um den Schlaf, und gefühlt um den Verstand. Sr. Gabi hilft mit der besten Waffe, die sie hat: ein kleiner Tennisschläger, der mit feinen Drähten durchsetzt ist. Die werden auf Knopfdruck von einem Akku unter Strom gesetzt, und wenn man damit einen Moskito erwischt, hat sein letztes Stündlein geschlagen. Also vor dem Schlafen auf die Jagd gehen. Stolz schaue ich auf meinen Erfolg. Und trotzdem werde ich der Nacht wieder gestochen. Ein paar Tage geht das so, dann kommt die Erlösung in Form eines Moskitonetzes, das über das Bett gespannt wird und ein Eindringen der Moskitos verhindert. Hurra! Als ich in der ersten Nacht mit Netz einen Moskito auf der Außenseite sitzen sehe, jubiliere ich innerlich: Du wirst mich nicht stechen. Edmuilson und Carla, den beiden guten Geistern im Haus, sei Dank!

Bauleiter João hat einen Sonderauftrag für Kleber und mich: gemeinsam sollen wir Betonsteine, die auf der anderen Seite des Projekt-Gebäudes an der Straße aufgestapelt sind, in den Gang vor dem Ballettsaal versetzen. Vor uns liegen viele Schubkarrenladungen, viel Heben und Stapeln. Aber mit Kleber zusammen macht es Spaß, und die Arbeit geht zügig voran. Die erste Reihe der 5-Pfund schweren, grauen Steine ist fast geschafft. Als ich den letzten Stein hochhebe, stockt mir der Atem: vor mir liegt eine große dunkle Spinne mit haarigen Beinen. Schnell trete ich einen Schritt zurück und atme tief durch. Es dauert ein paar Augenblicke, bis sich mein Puls wieder beruhigt. Die Spinne hat sich in dieser Zeit keinen Millimeter bewegt. Bestimmt ist sie tot. Da braucht es auch nicht viel Mut, um das Handy zu zücken und ein Foto von dem beeindruckenden Tier zu machen. Als ich die Stei-

ne, die auf der Schubkarre sind, im Gang ablade, zeige ich Sr. Rita mein Schnappschuss. „Das ist eine Vogelspinne, die ist ganz schön giftig", sagt sie. „Die lebt ja nicht mehr", erwidere ich, „dann kann sie auch niemandem etwas anhaben." Ein bisschen gruselig zumute ist mir trotzdem. Vogelspinnen, die waren im Biologieunterricht immer der Inbegriff von giftigen Tieren, die es zum Glück in Deutschland nicht gibt. Als ich nach einigen Minuten wieder zu den Betonsteinen komme, will ich sie mir nochmal in Ruhe anschauen. Aber: sie ist weg. War doch nicht tot. Mit größter Sorgfalt und immer gewappnet für eine Überraschung hebe ich die anderen Steine an ...

Ein paar Tage später bringe ich einige Eimer Bauschutt von unserer Baustelle zu der kleinen Ablagestelle am Ende unserer

Straße. Hinter dem großen Mango-Baum haben die Anwohner angefangen, eine Mauer zu bauen und den abfallenden Hang mit übrigem Splitt, Ziegelsteinbrocken und sonstigem Bauschutt aufzufüllen. Schon so oft bin ich dort gewesen, dass ich gar nicht mehr richtig hinschaue, meine Arbeit erledige und ansonsten meinen Gedanken nachhänge. Doch als ich diesmal den ersten Eimer ausleeren will, komme ich mir vor wie der heilige Georg: vor mir steht ein riesiger Drache! Naja, so wirklich riesig ist er nicht, aber mit ca. 1 Meter Länge doch deutlich größer als jede Eidechse, die ich bislang gesehen habe. Der Leguan – um einen solchen handelt es sich nämlich – speit auch kein Feuer, sondern steht mucksmäuschenstill und starrt vor sich hin. Um ihn nicht zu stören, leere ich ganz vorsichtig und langsam die Eimer aus. Und laufe dann nach Hause, hole die Kamera und mache ein paar Aufnahmen. Ist schon faszinierend, mit welcher Gelassenheit das Tier dasteht. Kleber, dem ich später von meiner Begegnung berichte, erzählt mir, dass Leguane Mangos lieben und deshalb immer wieder an diesen Platz kommen, um sich an heruntergefallenen Früchten zu bedienen. Sehr gut nachzuvollziehen, uns schmecken die Mangos auch.

Neues von der Baustelle

Es sieht richtig gefährlich aus. In hohem Bogen fliegen die Ziegel – groß wie ein Paket Zucker, aber nicht ganz so schwer – durch die Luft nach oben. Für Johannes ist es sicher von Vorteil, dass er in seiner Fußballmannschaft meistens im Tor spielt. Ganz locker und sicher fängt er in 4 Meter Höhe jeden Ziegel auf und

stapelt ihn hinter sich auf dem Gerüst, damit der Maurer Dino mit genügend Material versorgt ist. Aber nicht nur die Fangkünste von Johannes sind klasse, die brasilianischen Bauarbeiter haben das Werfen im Blut. Butterweich kommen die Ziegel nach oben, mit optimaler Länge und Geschwindigkeit. Sie machen das eben nicht zum ersten Mal.

Am Vortag wurden gut 800 Ziegel von draußen nach drinnen geworfen und gestapelt, die werden jetzt weiterverteilt und vor allem in die Außenwand des Dachgeschosses umgewandelt. Gerüste aufbauen, Sand und Zement zur Baustelle schaffen, Mörtel anrühren und mit den Ziegeln auf das Gerüst schaffen, für Nachschub sorgen, und wenn der eine Abschnitt fertig gemauert ist, Gerüst ab- und umbauen, die Reste zusammenkehren, und das ganze Prozedere beginnt von vorne. Mittlerweile sind wir ein eingespieltes Team, wissen selbständig, was wann wo passieren muss. Und wir kennen die wichtigsten portugiesischen Wörter: Tijolo (gesprochen: Tischolo) heißt Ziegel, Areja bedeutet Sand, und Balde (gesprochen Bautsch) ist der Eimer. So wie wir die portugiesischen Wörter lernen, machen das unsere brasilianischen Kollegen mit den deutschen. In buntem Durcheinander geht es zu, aber es ist nicht babylonisch, denn wir verstehen uns und kommen bestens miteinander aus.

Dino legt großen Wert auf die Sicherheit auf der Baustelle. Das mutet erstmal seltsam an, denn nach deutschen Maßstäben gibt es keine Schutzvorrichtungen. Neben den Flip-Flops, in denen einige der Mitarbeiter auf den Leitern herumturnen, muten meine Crogs wie Sicherheitsschuhe an; Absturzsicherungen gibt es auf den Gerüsten nicht, und der einzige Helm dient als Schöpfkelle im Wasserfass. Aber es ist die Mischung aus Ruhe und Obacht-geben, die den Unterschied macht. Es ist genügend Zeit, Stress kommt nie auf, und der Blick geht stets über das eigene Tun hinaus auch auf das, was die anderen machen. Da wird

mal korrigierend eingegriffen, wenn etwas gefährlich erscheint. Das stört aber keinen. Ein interessanter Kontrast zu den überregulierten und hektischen Baustellen, die wir von Deutschland gewohnt sind.

Um 2 Uhr nachmittags brennt die Sonne richtig heiß auf uns herab. Bei 36°C im Schatten sucht jeder den Platz in selbigem. Das geht aber auf dem Gerüst nicht, deshalb schützen sich Dino, João, Kleber und Davide mit langärmeliger Kleidung, Sonnenhut und Sturmhaube für den Nacken und das Gesicht. Uns ist das zu warm, wir bleiben bei Polo-Shirt mit Kragen und Baseball-Kappe. Das Mauern geht in den Endspurt. Noch ein kleines Stück des Dachgiebels, dann sind fast alle Ziegelsteine verarbeitet und die Hülle des neuen Stockwerks steht. Wie so oft um diese Zeit sind die Klingel und das Rufen eines Eisverkäufers zu hören, der seinen Handkarren durch die Straßen schiebt und dabei lautstark seine Ware anpreist. Dino macht ihn nach, „verkauft" mit der Maurerkelle in der Hand vom Gerüst seinen Mörtel als Eiskrem. Die anderen lächeln nur müde. Kurz darauf kommt Kleber mit einer Plastiktüte in der Hand die Leiter herauf. „Gelo", ruft er – es gibt Eis. Er hat bei Donna Magna, der Köchin des Projekts, gebettelt und für jeden ein Eis ergattert. Genüsslich öffnet jeder die kleine durchsichtige Plastikstange und fängt an zu lutschen. Es sieht aus wie in Deutschland das Wassereis, aber es ist selbstgemacht, und mit viel besseren Zutaten: aus Milch, Zucker und Früchten stellen die Frauen aus der Küche mehrmals pro Woche eine flüssige Masse her, die dann in die Plastiktütchen abgefüllt und eingefroren wird – fertig ist die perfekte Erfrischung! Die Kinder freuen sich stets über das Eis. Auch uns gibt es die Kraft zum Weitermachen, und als kurz nach 16 Uhr der letzte Ziegel seinen Platz findet, sind wir froh und zufrieden.

Wahlsonntag

Kurz nach 18 Uhr gibt es die ersten Hochrechnungen. Für die einen wird es ein desaströses Ergebnis, für die anderen Grund zum Jubeln und Feiern. Es ist schon ein kleines Erdbeben, das in Hessen passiert. Und das wir aus der Ferne beobachten. In São Luis ist es erst 2 Uhr nachmittags, und die wenigsten hier interessieren sich für das, was bei der Landtagswahl in einem kleinen Bundesland in Deutschland herauskommt. Die eigene Präsidentenwahl steht im Vordergrund. Seit 8 Uhr morgens sind die Wahllokale geöffnet. Sr. Adelma ist eigens für die Wahl von Bacabal nach São Luis gekommen, immerhin ein Zeitaufwand von insgesamt 9 Stunden für die Hin- und Rückfahrt, von den Kosten für das Busticket ganz zu schweigen. Offiziell ist sie noch in São Luis gemeldet, obwohl sie schon seit einigen Jahren die Kinderprojekte in Bacabal leitet. Eine Briefwahl ist ebenso unmöglich wie das Wählen in einem anderen Wahllokal. Aber jede Stimme zählt, deshalb der ganze Aufwand. Gemeinsam mit Sr. Lucía geht sie direkt nach dem Frühstück ins Wahllokal. Zu ihrem eigenen Erstaunen dauert es nur eine gute halbe Stunde, dann sind die beiden zurück. Die Schlange war weniger lang als erwartet.

Die Wahl selber findet elektronisch statt, und da es die Stichwahl ist, gibt es nur 2 Kandidaten: Fernando Haddad, den Vertreter der Arbeiterpartei (PT) des früheren Präsidenten Lulu da Silva, und Jair Bolsonaro, ein Hauptmann der Reserve, der für eine kleine rechtsextreme Partei ins Rennen geht. Überraschenderweise hatte Bolsonaro schon Anfang Oktober den ersten Wahlgang mit 46% der Stimmen gewonnen, sodass er als Favorit in die Stichwahl geht. Ähnlich wie bei Donald Trump hätte das vor einem Jahr noch niemand für möglich gehalten. Aber die Zeiten sind turbulent, und was hier passiert, ist ein deutlich größeres Erdbeben als das in Hessen – für Brasilien, für Südamerika, ja für die Welt. Mitten in die Hochrechnungen und Berichte von der Hessenwahl erscheint um kurz vor 9 Uhr abends auf dem Internet-Portal der Süddeutschen Zeitung die Eilmeldung: Bolsonaro zum neuen Präsidenten gewählt! Wir gehen nach oben zu Sr. Gabi, die vor dem Fernseher sitzend die Wahlberichterstattung verfolgt. Bolsonaro tritt vor die Presse, umringt von einer Schar Anhänger und Leibwächter. Seine Rede liest er vom Blatt ab, und natürlich verstehen wir so gut wie gar nichts. Nur als das Wort „Demokratia" fällt, horchen wir auf. Sr. Gabi übersetzt, dass er sich für die Demokratie ausgesprochen hat. Zumindest ein verbaler Lichtblick, denn die Furcht ist groß, dass mit Bolsonaro eine neue Militärdiktatur entsteht. Zum Glück ist Deutschland von dieser Sorge weit entfernt, und hoffentlich bleibt das auch so. Wie es für Brasilien weitergeht, wird sich dann ab Januar zeigen: Mit dem Jahreswechsel beginnt die neue Amtszeit. Die Zeichen stehen auf Sturm!

Am Montagmorgen ist die Stimmung bei den Schwestern, den Mitarbeiterinnen des Projekts und auch bei den Bauarbeitern etwas gedämpft. Sie alle hatten auf Haddad gesetzt, gehofft, dass er vielleicht doch noch gewinnen könnte. Der Bundesstaat Maranhão, dessen Hauptstadt São Luis ist, hat mehrheitlich für den Vertreter der Arbeiterpartei gestimmt, sowohl im ersten Durchgang als auch bei der Stichwahl. Dass es aber auch im Nordosten Anhänger von Bolsonaro gibt, ist eine Woche vorher zu erleben. Nach dem Besuch der Altstadt von São Luis machen wir uns auf den Weg zu Strand. Uns kommt ein Korso aus hupenden Autos und Motorrädern entgegen, alle mit Bolsonaro-Fahnen, -Plakaten, -T-shirts geschmückt. Immer wieder sieht man das „Markenzeichen" von Bolsonaro, die auf das Ge-

genüber gerichtete Pistole aus Daumen und Zeigefinger. Die Atmosphäre ist nicht aggressiv, aber auch nicht wirklich entspannt. Im krassen Unterschied dazu ist die „Demonstration", die wir am Vorabend von Allerheiligen erleben. Aus verschiedenen Orten kommen die Gemeinden, die zur Pfarrei gehören, und bringen ihre lokalen Heiligenfiguren zum Gottesdienst mit dem Bischof. Es wird gesungen, geklatscht, gebetet und gefeiert, eine fröhliche, fast ausgelassene Stimmung. Paz – Friede ist das Wort, das am meisten zu hören ist. Der Wunsch danach ist groß, und die Sorge um den Frieden ebenso. Aber die vielen Jugendlichen, die dabei sind, zeigen, dass es ihnen wichtig ist. Und das macht Mut, auch in schwierigen Zeiten.

Der erste richtige Regen

Der Himmel ist mit dunklen Wolken überzogen. Am Vormittag war die Sonne immer wieder zu sehen, aber meistens war es bewölkt. Genauso wie in den vergangenen Tagen. Gestern Abend hatte es sogar kurz geregnet, ein paar Tropfen, die den Staub aufspritzen ließen und genügten, um einen Regenbogen an den Himmel zu zaubern. Aber die zu wenig waren, um etwas Abkühlung zu bringen und der Erde die ersehnte Feuchtigkeit zu spenden. So wird es diesmal wohl auch wieder sein, denken die meisten. Es ist halt Trockenzeit. Doch dann geht es sehr schnell. Das 2-Meter tiefe Loch, in das die Klärgrube für die neue Küche samt zwei Toiletten kommt, ist gerade zu Ende geschaufelt

worden, die ersten Schubkarren mit dem Aushub sind schon nach draußen geschafft. Wie auf Kommando prasselt es los. Unter dem Dach, das den Sportplatz komplett überdeckt und auch den kleinen Neubau, ist es trocknen. Aber der Lärm auf dem Blechdach ist ohrenbetäubend. Nach wenigen Minuten lässt der Regen nach, es wird leiser, die Schubkarren sind startklar. Aber es ist nur ein kurzes, trügerisches Intermezzo. Der Wolkenbruch geht erst richtig los. Wie aus Eimern kübelt der Regen herunter. In kürzester Zeit sind Straßen und Wege überflutet. Die Regenrinne des Daches kann die Wassermassen nicht mehr aufnehmen, es schwappt einfach drüber. Plötzlich durchzuckt ein Blitz den eigentlich gar nicht so dunklen Nachmittag, der Donner folgt einige Sekunden später. Jetzt stehen auch die Kinder an den Fenstern – es sind keine Fenster im eigentlichen Sinn, sondern Blechverschläge, die von innen geöffnet werden können und dann Tageslicht und Luft in den Raum reinlassen. Sie bestaunen das Gewitter und sehen zu, wie wir Bauutensilien immer weiter

in die Mitte des Sportplatzes räumen, damit sie nicht nass werden.

Das Centro-Projekt ist das größte von vier Häusern, in denen die Franziskanerinnen in Bacabal Kinderarbeit betreiben. Mit Unterstützung der „Sternstunden", einer Benefizaktion des Bayerischen Rundfunks, wurde das Haus samt Sportplatz vor acht Jahren gebaut und beherbergt jeden Tag 150 Kinder aus dem Wohnviertel, 75 am Vormittag und 75 am Nachmittag. Neben Hausaufgabenhilfe und schulischer Unterstützung stehen Musik, Tanz und Sport auf dem Programm, genauso wie auch Katechese. Und natürlich darf die Merenda, die Brotzeit nicht fehlen. Am Montag sind wir zum ersten Mal im „Centro" und es gibt die übliche freundliche Begrüßung: auf unser mit deutschem Akzent versehenen „Bom

Dia" erwidern die Kinder lautstark und im Chor ihr „Bom Dia". Als sie aber den Fußball sehen, den wir mitbringen, bricht ein Jubel los, als hätte Brasilien gerade die Weltmeisterschaft gewonnen. Es ist herrlich.

Mit dem Gewitter hat auch der Wind aufgefrischt, er peitscht den Regen von allen Seiten unter das Dach. Sehr schnell steht unsere Baustelle unter Wasser, aber mit einigen Besen schieben wir die Fluten so schnell und so gut wie möglich wieder nach draußen. Ein halbe Stunde dauert das Gewitter an, dann hört es auf zu regnen. Die Arbeit geht weiter. Als kurz darauf eine Mitarbeiterin des Projekts zu uns auf die Baustelle kommt, wenden wir unser neugelerntes Wort an: „Chuva – Regen", sagen wir. Ihre Antwort: „Graças a Deus – Gott sei Dank"!

Wie groß die Volksfrömmigkeit der Brasilianer ist, erleben wir auch am Samstagabend. Morgens früh sind wir in São Luis gestartet, mit dem Bus geht es nach Bacabal, zum Mutterhaus der brasilianischen Niederlassung der Franziskanerinnen. Am 18. November feiern sie 60 Jahre Präsenz in Brasilien. Da gibt es eine Menge vorzubereiten und herzurichten, wir sind gewappnet für zwei intensive Arbeitswochen. Die 4,5-stündige Busfahrt vergeht wie im Flug, der Bus ist bequem und aus dem Fenster gibt es eine Menge zu sehen. Nach der obligatorischen Mittagspause zeigt uns Sr. Bernadette, eine mit 79 Jahren noch sehr fitte Brasilianerin, die von einem Aufenthalt in Deutschland noch recht gut Deutsch kann, das große Gelände, mit vielen Bäumen, mehreren Gebäuden, etlichen Hühnern und zwei jungen Hunden. Dann wird der weitere Tagesablauf besprochen: die Diözese Bacabal feiert ihr 50-jähriges Jubiläum, mit Prozession und anschließendem Gottesdienst. Für die Prozession sind wir zu schlapp, aber zum Gottesdienst gehen wir. Als wir kurz vor dem offiziellen Start um 18 Uhr zum Kirchplatz kommen, sind dort schon etliche hundert Menschen versammelt. Weil die Kirche viel zu klein ist, wurde kurzerhand draußen eine Bühne aufgebaut und die Bänke aus der Kirche geschafft. Praktisch! So werden weniger Plastikstühle benötigt. Oder es können mehr Leute sitzen. Da die Prozession noch nicht da ist, nutzen die Gottesdienstbesucher die Zeit zum Begrüßen und Austauschen. Eine ansteckend fröhliche Atmosphäre, die noch größer wird, als um 18:45 Uhr die Prozession eintrifft. Jetzt sind weit mehr als 1.000 Menschen versammelt, um miteinander zu feiern, zu beten … und nach dem Gottesdienst auch gemeinsam zu essen. Alle(!) sind eingeladen. Obwohl es verlockend duftet, gehen wir nach Hause. Denn es ist schon 21:15 Uhr, als die Messe zu Ende ist. Die Zeit ist rasch vergangen, aber es war lang. „Das reicht für 3 Tage", sagt Sr. Bernadette zuhause. Wir können nur zustimmen. Schön und beeindruckend war es trotzdem.

Einmal Bacabal – São Luis und zurück

Was macht denn der Lastwagen da vorne? Ohne ersichtlichen Grund fährt er auf die entgegenkommende Spur, nach wenigen Sekunden wieder zurück, um dann erneut nach links zu steuern. Ist er Fahrer eingeschlafen? Oder betrunken? Ist er zu schnell unterwegs und der Lastwagen ins Schleudern geraten? Zum Glück haben wir einige hundert Meter Abstand, sind aber alarmiert und passen besonders gut auf. Und schon sehen wir den Grund für die seltsamen Manöver des Lastwagens. Vor uns tun sich große Schlaglöcher auf. So richtige Achsenbrecher. Da auch bei uns kein Gegenverkehr kommt, weichen wir wie der Lastwagen auf die linke Spur aus, dann rasch nach rechts, und wieder nach links.  Das also sind die Schlaglöcher, vor denen diejenigen, die öfter zwischen Bacabal und São Luis hin und her fahren, ausgiebig gewarnt haben. Es sind tatsächlich echte Monsterlöcher. Manche sind nur so groß wie ein Fußball – aber eben auch so tief! –, andere ziehen sich über die ganze Straße. Da hilft auch kein Ausweichen auf die Gegenspur, das sowieso nur dann geht, wenn dort gerade kein Verkehr kommt. Bei den großen Schäden muss abgebremst werden bis in den ersten Gang, um ganz langsam und vorsichtig durchzukommen. Zumindest wenn das Auto geschont werden soll. Auch die Lastwagen, von denen gefühlt noch viel mehr unterwegs sind als in Deutschland, gehen mit dem Tempo komplett runter. Kein Wunder, dass die Strecke von 240 km auch bei bester Verkehrslage mindestens eine Fahrzeit von fast vier Stunden erfordert.

Hinzu kommen die 75 Schwellen, die zwischen São Luis und Bacabal im Schritttempo überfahren werden müssen. Früher gab es die in Deutschland auch, als verkehrsberuhigte und Tempo-30-Zonen eingeführt wurden. Auf unserer Strecke befinden sie sich überall, wo Häuser stehen und Menschen die Straße überqueren müssen. Manchmal haben wir das Gefühl, wir reiten auf einem Kamel, so sehr schaukeln uns die Schwellen durch.

Für die Einheimischen sind die Schwellen aber nicht nur wegen dem sicheren Überqueren der Straße wichtig. Weil Autos und Lastwagen ganz langsam fahren, sind es optimale Verkaufsstellen. So stehen an jeder Schwelle Kinder oder Erwachsene und bieten Früchte oder Wasser an. In den Ortschaften gibt es darüber hinaus noch bunte Verkaufsstände, in denen die Einheimischen das anbieten, was sie produzieren: Früchte, Säfte, Würzsaucen. Manchmal auch Hängematten, Keramik, Handtücher.

Bunt schaut es aus, und einladend. Eigentlich schade, dass wir weitermüssen.

Die Abwechslung in der Landschaft mit weiten Grünflächen und kleinen Ortschaften, vor allem aber die notwendige Konzentration auf Straße und Verkehr lassen die Zeit sehr schnell verstreichen. Knapp 4 Stunden sind vergangen, seit wir am Freitagmittag Bacabal verlassen haben. Wir sind froh, (wieder) in São Luis zu sein. Und voller Hochachtung für unseren Busfahrer. Denn als wir eine Woche vorher mit dem doppelstöckigen Bus von São Luis nach Bacabal gefahren sind, haben wir von Schlaglöchern und Schwellen nichts gemerkt. Der konnte echt gut fahren und war – wenn man die Pausen zum Ein- und Aussteigen unterwegs abzieht – genauso schnell wie wir mit dem Auto. Respekt!!!

Am Samstag geht es schon um 7.00 Uhr los. Alle MitarbeiterInnen treffen sich im Projekt, rasch werden Kisten und große Plastiktüten voller Kleidung auf das Auto  geladen und zur naheliegenden Kirche gefahren. Lange, mit Bambusdächern versehene Holztresen bilden die Ausstattung für den Bazar. In Windeseile wird ausgepackt und aufgehängt, sortiert, beschriftet und die Kasse eingerichtet. Die ersten Frauen warten schon, wollen die größte Auswahl für das beste Schnäppchen haben. Es geht zu wie auf einem Kleiderflohmarkt in Deutschland. T-Shirts und Blusen, Röcke und Hosen, Sandalen und Pomps, alles ist zu haben. Manche Sachen sind sehr gute gebrauchte Kleidung, andere sind komplett neu, von Läden gespendet. Den ganzen Tag über kommen Frauen und Kinder,

manchmal auch ein Mann, und kaufen ein. Für wenig Geld werden die Menschen im Viertel neu ausgestattet. Auch die Schwestern von São Luis sind engagiert oder kommen zumindest vorbei, um zu sehen, wie es vorangeht. Ob sich Sr. Gabi doch gerne ein paar neue Schuhe zulegen würde? Es herrscht eine fröhliche Atmosphäre, und als um 16:30 Uhr genauso flink wie am Morgen die nichtverkauften Sachen wieder eingepackt werden, sind alle müde, aber auch glücklich und zufrieden. Mehr als 1.000 Reais sind zusammengekommen – für brasilianische Verhältnisse eine stattliche Summe! Zum Vergleich: das ist mehr als ein Monatsmindestlohn, der liegt bei 936 Reais.

Die Energie reicht noch für ein Gruppenbild mit Selbstauslöser, aber am Abend geht es früh ins Bett. Schließlich geht es am Sonntag bereits um 7:30 Uhr wieder zurück nach Bacabal. Und die Strecke im Auto ist anstrengend ...

Vorbereitungen

Schwungvoll stellt Rubens dos Santos Campos den vollen Farbeimer ab. Obwohl er erst 28 Jahre alt ist, arbeitet Rubens schon seit vielen Jahren im Projekt Madre Rosa in Bacabal. Musiker durch und durch, hat er die Arbeit mit den Instrumenten und der Musik für die Kinder mit aufgebaut. Neben dem Instrumentenunterricht (Gitarre, Saxophon, Klarinette) leitet Rubens auch den Chor. Bei der 60-Jahr-Feier hat er die musikalische Leitung und wird den Chor, der aus Kindern und Erziehern der verschiedenen Projekte besteht, und auch die Band dirigieren. Aber jetzt ist Rubens mit dem Streichen beschäftigt. Er gehört zur Tintas-Equipe, die für die Verschönerung der Mauern und Wände und das Anstreichen des kleinen neuen Küchenhauses zuständig ist. Die Mauern, die den überdachten Sportplatz umgrenzen, sind bereits angestrichen. Es ist kaum zu glauben, dass die dünne Brühe, die aus reinem Kalk und Wasser besteht, etwas bewirkt. Mit der Bürste aufgetragen, spritzt sie in alle Himmelsrichtungen, und es ist mehr ein Reiben als echtes Malern. Ob es nur eine Grundierung sein soll? Doch nach einer Stunde strahlt die Mauer in schönstem Weiß.

Rubens dos Santos Campos öffnet den Farbeimer. Die Außenwand des Hauptgebäudes, die zum Sportplatz hinzeigt, bekommt einen richtigen Anstrich in einem zarten Gelbton. Zweimal wird alles mit der Rolle gestrichen, damit die Farbe auch schön deckt und die vielen Abdrücke von schmutzigen Kinderhänden oder staubigen Bällen nicht mehr zu sehen sind. Auch die grünlichen Flecken im Sockel, die von der Feuchtigkeit in der Regenzeit stammen, sollen unsichtbar werden. Der erste Durchgang ist komplett geschafft, beim zweiten Anstrich ist der obere

Bereich schon gemacht. Mit frischer Farbe und neuem Schwung geht es ans Werk. Nach einer guten halben Stunde ist die Farbe getrocknet, und da wird das Malheur sichtbar: die Farbe sieht anders aus, ist viel gelber. So ein Mist! Die Arbeit des Morgens war umsonst. Alles muss noch einmal gestrichen werden. Das kostet nicht nur Zeit, sondern auch kostbare Farbe. Aber alles Jammern hilft nichts: am Nachmittag ist es geschafft. Dann ist auch der Ärger über die Extraschleife verflogen. Und die Hausfassade sieht mit dem intensiveren Gelb noch besser aus!

Die Vorbereitung auf das große Fest hat längst alle erfasst. Die Educatores erstellen Poster für die Präsentation aus der Vergangenheit, die Kinder üben Lieder, Tänze, Vorführungen. Am

Morgen sind die Capoeiras und Capoeiros dran. Laut ertönt das rhythmische Trommeln, das Schlagen der Tamburins, das Surren der Berimbau, die aussieht, als ob jemand an einen Flitzebogen eine leere Kokosnuss genagelt hätte.

Jeweils zu zweit messen sich die Kinder in der Mitte des Kreises mit ihren Bewegungen und Figuren, von den anderen aus voller Kehle angefeuert. Faszinierend, wie sich die Kinder in den Scheingefechten duellieren, ohne sich zu berühren. Die brasilianische Form eines Breakdance-Battles.

Das Projekt in Novo Bacabal liegt am nördlichen Stadtrand und sieht aus wie ein kleiner Bauernhof. Die Wiese vor den Gebäuden hat zwar nicht die Qualität des Rasens in der Allianz-Arena, aber die Begeisterung der Kinder für den Fußball ist min-

destens so groß wie beim FC Bayern, und Einsatzwille und Geschicklichkeit gleichen die schwierigeren Rahmenbedingungen aus. Mit Begeisterung verlassen die Kinder das Klassenzimmer, in dem sie uns gerade bei der Probe für ihr Schattenspiel haben zuschauen lassen, und testen auf der Wiese den neuen Ball. Soviel Zeit muss sein, und die Freude ist riesig. Als nach gut 10 Minuten die Mitarbeiterin die Kinder wieder ins Klassenzimmer ruft und den Ball – unter dem Wehklagen der Kinder – an sich nimmt, sind alle nassgeschwitzt. Bei 38°C keine wirkliche Überraschung.

Viele hungrige Menschen werden zum Fest erwartet. Seit Tagen sitzen jeden Nachmittag etliche Frauen in der Küche des größten Projekts und zaubern handgemachte Teigtaschen. Lecker schauen die aus! Der Teig wird ausgerollt, kleine Scheiben werden ausgestanzt, mit der Füllung versehen und dann kunstvoll zusammengedrückt, um am Samstag frittiert zu werden. Am Ende des Nachmittags, als der Magen leer und der Hunger groß ist, lässt sich ein Testen der Füllung nicht umgehen. „Was ist das?", frage ich die Köchinnen. „Frango" ist ihre Antwort. Ob das wohl Thunfisch heißt? Jedenfalls sieht es aus wie fein-bröseliges Thunfischfilet, und riecht auch so. Soweit sich das bei den Zwiebeln und Kräutern, die auch mit zur Füllung gehören, überhaupt sagen lässt. Also koste ich ein wenig. Schmeckt doch nicht wirklich nach Thunfisch. „Frango?" frage ich die Köchinnen. Als sie verschmitzt lachen und mit den Armen wie mit zwei Flügeln flattern, weiß ich, dass es doch kein Thunfisch war ...

Sr. Jutta, die vor zwei Wochen aus Waldbreitbach nach São Luis gekommen ist, um als Vertreterin der Generaloberin am Fest teilzunehmen, hat sich zu den Frauen in die Küche gesellt. Gemeinsam formen, füllen und fertigen sie die Teigtaschen. Und

ratschen und lachen. Anfang des Jahrtausends hat Sr. Jutta für 3 Jahre in Brasilien gearbeitet, und mit ihren Portugiesisch-Kenntnissen und dem adretten Haarnetz ist sie von den Brasilianerinnen kaum zu unterscheiden. ☺

3 Gründe zum Feiern ...

Am Freitagabend sieht es aus wie auf einer Baustelle. Bestenfalls wie auf einer Baustelle, die für das Wochenende etwas aufgeräumt wurde. Fliesen und Fliesenkleber, Werkzeuge, Farbeimer, Schubkarren, leere Zementsäcke, Abdeckfolien, Sand und Ziegel – so vieles liegt herum, dass es nahezu unvorstellbar ist, dass hier in weniger als 24 Stunden ein Fest stattfinden soll. Die Klärgrube, nur von Hand ausgehoben, gemauert und mit drei gegossenen Betonplatten versiegelt, wurde rechtzeitig fertig, von den beiden Toiletten jedoch nur eine. Wenigstens hat die andere gerade noch rechtzeitig eine Tür bekommen, sodass sie als Abstellraum dienen kann. In der neuen Küche sind alle Bodenfliesen verlegt und gefugt, aber an den Wänden fehlen noch etliche Fliesen rund um die Anrichte und Theke.

Der Einbau der Anrichte am Donnerstag ist ein Drama. Das in Marmor gefasste Waschbecken ist einfach zu montieren, es belegt die linke Ecke der Wandfront. Daran schließt sich die Anrichte an, ebenfalls eine Steinplatte aus dunklem Marmor von immerhin 4 m Länge und 75 cm Breite. Damit sie stabil an der Wand sitzt, wurde auf der ganzen Länge und der rechten Breite ein Schlitz geschlagen. 6 Männer heben die Platte hoch und versuchen, sie an ihren Platz zu bringen. Es geht nicht, der Schlitz am Eck ist nicht tief genug, da sitzt der Eisenträger. Also wieder zurück. Mit einer Handkreissäge flext der Bauleiter ein kleines Rechteck aus der Platte, jetzt sollte es passen. Im zweiten Versuch sind es nur wenige Millimeter, die fehlen, damit die Platte neben der Spüle reinpasst. Mit etwas Schieben und Drücken müsste es schon gehen. Knack! Die Platte bekommt einen Sprung und bricht in wenigen Sekunden ganz durch. Jeweils drei

Männer halten die halbe Anrichte in der Hand. Betretenes, ungläubiges Schweigen, die Stimmung ist sofort im Keller. So hat sich das keiner vorgestellt. Nun gilt es zu retten, was zu retten ist. Ganz vorsichtig werden die beiden Stücke eingepasst, mit einer kleinen Wasserwaage ausgerichtet, so eng wie möglich zusammengefügt. Alle arbeiten weiter mit, frustriert und konzentriert zugleich. Erstaunlicherweise fällt kein einziges böses Wort, kein Schimpfen, keine Beschuldigungen. Das entspannt die Situation merklich. Am Nachmittag wird der kleine Spalt mit einer Silikon-Zementmasse ausgefugt. Natürlich bleibt der Riss immer sichtbar, aber die Funktionalität der Anrichte stört das nicht. Ein Desaster mit glücklicherweise geringen Folgen.

Um 8 Uhr am Samstagmorgen ist im Projekt schon eine Menge los. Die Bauarbeiter sind nochmal angerückt, um mit den Fliesen weiterzumachen. Überall wird gekehrt, aufgeräumt, gesäubert, hergerichtet. Wo gestern noch Leitungen verputzt wurden, wird jetzt mit der weißen Kalkgrundierung drüber gestrichen. 2 Stunden später kommt die gelbe Farbe drauf, und alles sieht perfekt aus. Die übrigen Ziegel werden in der nicht fertigen Toilette versteckt, der Sand in eine Ecke geschaufelt und mit Wasser übergossen, damit es nicht so staubt. Im Nu vergeht der

Vormittag, und kurz nach 12 Uhr werden alle zum Essen gerufen. Wo an Werktagen die Merenda für die Kinder stattfindet, ist jetzt das Mittagessen für alle Mitarbeiter und Mitarbeiterinnen vorbereitet. Doch zuerst gibt es eine kleine Überraschung: weil es unser letzter Tag im Projekt in Bacabal ist, tritt Rubens mit einer kleinen Flötengruppe auf. Gekonnt spielen sie für uns „Tears in Heaven" von Eric Clapton … auch wir sind den Tränen nahe. Mit einer kurzen Ansprache bedankt sich Sr. Adelma für unsere Unterstützung und überreicht uns ein schön verpacktes Geschenk. Gleich auspacken, deuten uns die Mitarbeiter. Das lassen wir uns nicht zweimal sagen. Also vorsichtig die Schleifen

lösen und das Papier auffalten. Jeder von uns bekommt ein Original Madre Rosa T-Shirt, das gleiche, das die Kinder jeden Tag als Schuluniform tragen. Wir sind gerührt und stolz zugleich. Jetzt gehören wir endgültig dazu.

Am Nachmittag geht es flott weiter. 500 weiße und gelbe Luftballons werden aufgeblasen und aufgehängt, ein Fußballtor wird zur Projektionsfläche für das Schattenspiel. Die Wände werden mit unzähligen von den Kindern gemalten Bildern und Texten dekoriert, Fotos aus der Vergangenheit sind auf mehreren Ständern am Eingang zu begutachten. Die neue Küche ist nicht komplett fertig geworden, aber die Theke wird von außen genutzt, die Tische für Essen und Trinken davor aufgebaut.

Um 16.30 Uhr kommen die ersten Gäste, während die Mitar-

beiter und Kinder noch letzte Hand anlegen. Es wird ein fließender Übergang in das Fest. Unfassbar, wie verwandelt das überdachte Sportfeld jetzt aussieht. Viele Kinder und Erwachsene kühlen sich mit einem selbstgemachten Eis ("Dindin") – es hat immerhin 38°C, und natürlich gibt es keine Klimaanlage – , gleichzeitig marschiert das Orchester samt Dirigent Rubens dos Santos Campos ein: Posaunen, Saxophone, Klarinetten, eine Gitarre und ein Schlagzeug bilden eine interessante Mischung. Aber der Sound ist gut, von den Beatles zu Frank Sinatra. Eine Mitarbeiterin aus dem Projekt begrüßt die Gäste, die wirklich zahlreich gekommen sind. 200 Stühle reichen bei weitem nicht aus, alle Bänke sind aus dem Speiseraum nach draußen geschafft worden, und viele Kinder sitzen auf dem Bo-

den. Das tut der guten Stimmung aber keinen Abbruch, im Gegenteil. In lockerer Atmosphäre erfolgt eine Darbietung nach der anderen, aber gleichzeitig kann man sich am Essensstand mit  einem Hot Dog (auf Portugieisch: Cachauo quente – heißer Hund) oder einer frittierten Teigtasche verköstigen. Schattenspiel, Gesang, Capoeira, Tanz, Schauspiel – die Kinder zeigen, was sie draufhaben. Es ist beeindruckend, mit wieviel Engagement, Freude und Stolz sie dabei sind. Den Höhepunkt bildet ein Theaterspiel über den Werdegang von Mutter Rosa Flesch, der Gründerin der Waldbreitbacher Franziskanerinnen. Denn ihre Seligsprechung vor zehn Jahren ist einer der Anlässe für das Fest. Die beiden anderen sind: 20 Jahre soziales Projekt "Madre Rosa", und 60 Jahre Präsens der Franziskanerinnen in Brasilien.

Auf Wunsch des Erzbischofs von São Luis kamen die ersten Schwestern 1958 nach Bacabal, um in der Bildung und im Gesundheitswesen tätig zu werden. Sr. Siarda aus den Niederlanden, mit 96 eine der ältesten Franziskanerinnen, kam 1962 und hat die wechselhafte Geschichte dieser Jahre in Brasilien größtenteils miterlebt. Dass die Tätigkeit der Schwestern auch in den nächsten Jahrzehnten weitergehen soll, wünschen sich alle – Kinder, Eltern, MitarbeiterInnen und Gäste. Als die Kinder am Ende des Theaterspiels über Mutter Rosa Flesch jeder Schwester einen kleinen Rosentopf überreichen, wird das mehr als deutlich.

Um 21.30 Uhr ist das Fest zu Ende. Während die Gäste nach Hause gehen, räumen die Mitarbeiter in Windeseile alles auf. Um 23 Uhr ist von dem Fest bis auf ein paar Luftballons nichts mehr zu sehen. Morgen kommt ein neuer Tag, und der zweite Teil des Festes. Da gibt es noch genug anderes vorzubereiten.

3 Gründe zum Feiern ... Teil 2

Und wieder geht es zu einem überdachten Sportplatz. Diesmal an der Schule der Franziskaner-Brüder, die nur gut einen Kilometer vom Konvent der Schwestern entfernt liegt. Der Wetterbericht ist unsicher, niemand will das Risiko eingehen, plötzlich von einem heftigen Regenguss überrascht zu werden. Um 8 Uhr wird mit dem Aufbau begonnen. Da sieht der Platz wirklich noch aus wie ein Sportfeld, mit Basketballkörben, kleiner Tribüne an der Seite. Lediglich die Bühne lässt ahnen, dass hier keine Sportveranstaltung stattfinden wird. Kaum angekommen, geht es schon wieder zurück zum Konvent der Schwestern. Kleine Palmen in schweren Betonkübeln werden benötigt, sie sollen den Aufgang von der Straße zum Sportplatz verschönern. Warum die nicht 10 Minuten früher direkt mitgenommen wurden und so eine Fahrt vermieden werden konnte, weiß niemand. Es wird nicht die einzige Fahrt an diesem Tag sein, die mit etwas mehr Koordination unnötig gewesen wäre. Auch das ist Brasilien!

Bis die Pflanzen da sind, stehen schon die Stühle. 600 Stühle werden gestellt – damit ist der komplette Raum gefüllt. Dazu die kleine Tribüne, auf die noch einmal gut 100 Personen passen. Am Ende wird es nicht reichen, denn es kommen noch mehr Menschen, und unmittelbar vor dem Gottesdienst werden weitere Stühle herangeschafft, damit die Leute zwar im Freien, aber immerhin sitzen können. Hinter der Bühne wird die Wand geschmückt: weiße und rote Tücher, ein Plakat mit dem Umriss von Brasilien, vor dem das Kreuz hängt, und zwei weitere riesige Plakate zum Jubiläum. Auf zwei großen Leitern stehend, stecken wir die Plakate mit Stecknadeln an den Tüchern fest. Eine echte

Sisyphus-Arbeit, denn es soll gut aussehen, d.h. die Plakate gerade und ohne Falten hängen. Es ist schon Nachmittag, als auch diese Arbeit geschafft ist.

Jetzt noch die Gefriertruhe, die Getränke und vor allem das Essen aus dem Projekt-Gebäude heranschaffen. Seit einer Woche haben die fleißigen Frauen dort etwa 7.000 Teigtaschen und Fleischröllchen hergestellt und gebraten, dazu noch 20 Blech Kuchen gebacken. Wer soll das alles essen? Schon am frühen Morgen fangen die Frauen an, das Essen in Portionspackungen abzupacken, am Nachmittag werden sie am Ende des Sportfelds aufgebaut. Als der Gottesdienst vorbei ist, dauert es keine Viertelstunde, dann ist alles verteilt und kurz

darauf auch gegessen. So schnell kann's gehen.

Um 17.15 Uhr sind die Vorbereitungen ziemlich abgeschlossen, jetzt noch schnell zurück nach Hause, duschen, umziehen und vielleicht noch einen Bissen essen. Als die ersten Besucher um 18.30 Uhr kommen, spielt die Band, die am Vorabend noch Frank Sinatras „New York, New York." zum Besten gegeben hat, zur Einstimmung brasilianische Kirchenlieder. Plötzlich bekanntere Töne, was spielen die bloß? Tatsächlich, Posaunen, Saxophon, Klarinetten und auch das Schlagzeug intonieren „Stille Nacht, heilige Nacht". Gefühlt passt das hierher wie ein Skirennen im Hochsommer, aber es klingt schön und weckt ein wenig Heimweh.

Kurz nach 19.00 Uhr beginnt der Gottesdienst. Mit viel Musik und Gesang ziehen Messdiener, Kommunionhelfer und Priester ein. Es folgt ein sehr festlicher Gottesdienst, an dem immer wieder Schwestern, MitarbeiterInnen und Kinder beteiligt sind. Die Lesungen, die Fürbitten, das Bringen der Opfergaben – alles hat einen sehr feierlichen Touch. Aber ein wenig fehlen die Emotionen. Das ändert sich nach der Kommunion, als 9 Mädchen aus São Luis in türkisfarbenen Kleidern einziehen und auf ein Mutter-Rosa-Lied einen Tanz aufführen. Mit Leichtigkeit und Anmut verzaubern die jungen Tänzerinnen die Menschen. Und auch die

zweite, darauf unmittelbar folgende Choreographie begeistert die Gottesdienstbesucher. 60 Kinder aus Bacabal ziehen mit Kerzen in Gläsern ein und bilden vor dem Altar einen großen Kreis. Während einige Mitarbeiterinnen Bitten und Wünsche vortragen, stellen die Kinder die Kerzen einzeln auf dem Boden ab: es entsteht eine leuchtende 60!

Die Messe ist zu Ende, die Gäste gratulieren den Schwestern und Mitarbeitern und holen sich etwas zu essen. Da kommen noch einmal Tänzerinnen nach vorne. Jetzt in roten Kleidern, wird auf die Musik von Lindsey Stirling ein weiterer fantastischer Tanz gezeigt. Die Leute sind begeistert, stellen schnell ihr Essen ab, um applaudieren zu können. Lúciano, der riesengroße Musiklehrer und Schlagzeuger aus Bacabal, nimmt die Stimmung auf: es gibt weiter Musik, und ganz schnell sind die Menschen am Tanzen, am Feiern. Während die einen die Stühle wegräumen, die Dekoration abbauen und den Müll einsammeln, singen, tanzen und feiern die anderen. Aber das passt prima zusammen, alle sind froh und haben gute Laune. Ein toller Abschluss eines sehr schönen Festes!

Nachmittags in Vila Itamar

Mit einigem Getöse verlassen die Kinder um 17.00 Uhr das Projekt Madre Rosa. Einige werden abgeholt, die anderen machen sich zu Fuß oder mit dem Fahrrad auf den Weg nach Hause. Es wird diskutiert, gespielt, gestritten, gelacht – genauso wie in Deutschland, wenn Schülerinnen und Schüler die Schule verlassen. Während die Mitarbeiterinnen letzte Hand an das Reinigen der Räumlichkeiten legen, versorgen wir die Arbeitsmaterialien der Baustelle und beenden die Arbeit. Jetzt noch schnell zum

Supermarkt, denn vor dem Abendgebet um 18.00 Uhr steht auch noch Duschen auf dem Programm.

„Schönen Nachmittag!" Schon auf dem Weg zu dem Laden werde ich zweimal von Kindern, die auf der Straße spielen oder selbst unterwegs sind, begrüßt. Freudig und gleichzeitig beschämt erwidere ich mein „Boa tarde!" Beschämt, denn bei manchen Kindern erkenne ich nicht, dass sie tagsüber im Projekt sind. Ohne das Madre-Rosa-T-Shirt, die Schulkleidung des Projekts, sehen sich die vielen Kinder einfach zu ähnlich. Für mich zumindest ☹. Aber die Kinder nehmen es mir nicht krumm, und das unerwartete Wiedersehen ist auf jeden Fall schön.

Auch im Supermarkt treffe ich drei jugendliche Mädchen aus dem Projekt. Wenigstens eine erkenne ich sofort, denn wir haben am Vormittag noch gemeinsam Englisch gelernt. Jetzt trägt sie wie auch die beiden anderen eine Schuluniform, sie kommen wohl eben vom Nachmittagsunterricht. Ein kurzes „Hallo", dann versuche ich, mich mit den Dreien über den Einkauf zu unterhalten. Mühsam krame ich meine portugiesischen Wörter zusammen. Aber daran haben sie kein wirkliches Interesse. „Wo ist Johannes?", wollen sie wissen. Offensichtlich haben sie mehr Interesse an ihm als an mir. „Zuhause – er ist nicht mitgekommen". Meine Antwort hören sie noch an, dann sind sie auch schon weg. Irgendwie verständlich, aber lustig ist es trotzdem.

Ich schaue nach Lebensmitteln, die wir mit an den Strand nehmen können. Nudeln, Gemüse, Kekse. Und finde eher zufällig im Kühlregal Orangensaft. Obwohl es fast jeden Tag im Kloster einen anderen Saft gibt – Acerola, Guiaba, Mango, …, geht mir der morgendliche Orangensaft etwas ab. Eine tolle Gelegenheit also! Ich studiere die Flasche, erkenne auf der Vorderseite „100% Suco (Saft)" und freue mich auf einen brasilianischen Frühstückstrunk. Stolz zeige ich beim Abendessen die Flasche. Johannes will ihn gleich probieren und schenkt sich ein. Ein erster Schluck, ein ungläubiges Grinsen, und dann ein lautes Lachen. Der Saft ist eine Orangenlimonade, mit viel Zucker und einem anderen Geschmack, als wir es erwartet hatten. Wie kann dann 100% Saft auf der Flasche stehen? Johannes zeigt es mir, und lacht ein zweites Mal: wenn man genau hinschaut, wird aus der 100 eine 10,0. Also in Zukunft auch in den Supermarkt die Lesebrille mitnehmen!

Herausforderungen

Brasilien ist riesig! Seine Fläche erstreckt sich von der Grenze zu Uruguay im Süden bis nach Venezuela im Norden, von den Stränden am Atlantik bis zu den Regenwäldern des Amazonas. Als ein Land ist es nur wenig kleiner als das aus 50 verschiedenen Nationen bestehende Europa. Der brasilianische Bundesstaat Maranhão, dessen Hauptstadt São Luis ist, hat in etwa die Fläche von Deutschland, doch mit 7 Millionen Bewohnern nicht mal 9% der deutschen Bevölkerung. Auch wenn sich die Bevölkerung von Brasilien seit 1950 von 54 auf jetzt 210 Millionen Menschen fast vervierfacht hat, beträgt die Bevölkerungsdichte mit 24 Einwohnern pro km² nur ein Zehntel der deutschen Bevölkerungsdichte. Doch die Zahlen können irreführen: die in der zweiten Hälfte des vergangenen Jahrhunderts einsetzende Landflucht führt auch weiterhin zu stark wachsenden Städten, die die steigende Anzahl an Menschen kaum aufnehmen können. Vor allem die Infrastruktur bleibt hinter den Anforderungen zurück, im Straßenbau, in der Energieversorgung, in der Wasser- und Abwasserwirtschaft.

„Por favor, jogar o papel higiênico no balde. – Bitte das Toilettenpapier in den Eimer werfen!" steht in der Toilette. Ob das wohl als Spiel gedacht ist, die 5 Klopapierrollen möglichst geschickt in den Eimer mit dem Schwingdeckel zu werfen? Natürlich nicht! Die Abflussrohre sind nicht in der Lage, größere Mengen von Papier aufzunehmen, und deshalb wird das benutzte Toilettenpapier im Eimer entsorgt. Hinzu kommt, dass für die Toiletten separate kleine Klärgruben bestehen, die natürlich möglichst nicht mit Papier gefüllt werden sollen. Das Abwasser aus Spülbecken und Waschmaschinen wird einfach nach draußen geleitet und fließt in kleinen Kanälen am Straßenrand entlang. Fast wie in Freiburg mit den schönen Wassergräben in der Innenstadt, nur dass es hier furchtbar aussieht, schmutzig ist und auch einfach stinkt. Eine riesige Herausforderung für die Städteplanung, die Gesundheit der Menschen und auch die Zukunft des Wassers. Nach europäischen Maßstäben einfach unvorstellbar!

Im Konvent der Schwestern und auch im Projekt wird Müll getrennt: Papier, Plastik, Metall und Glas kann separat am Wertstoff angeliefert werden; dafür gibt es einen Rabatt bei der Elektrizitätsrechnung. Doch viele Brasilianer, gerade in ärmeren Vierteln, haben weder den Platz zum Sammeln noch die Möglichkeit zum Abtransport. Müll wird einfach irgendwohin geworfen.

Auf der Baustelle fällt jede Menge Bauschutt an: zerbrochene Ziegelsteine, Zementbrocken, Drahtstücke, Sand und Staub. Das meiste transportieren wir mit Eimern zu einem nahegelegenen Ort, der mit Bauschutt aufgefüllt wird. Als wir Platz brauchen für die Dachziegel, kommen die vielen Bauholzreste vom Verschalen dran. Aus dem 1. Stock nach unten werfen, dann in die Schubkarre. „Den vollen Schubkarren einfach da hinten in der Grotte abladen", sagt Bauleiter João. Die Grotte ist ein kleiner Grünstreifen, der in der Senke liegt und in den auch das Abwasser fließt. Also los. Aber der Schock beim Hinkommen ist riesig: Müll, Müll und nochmal Müll. Das meiste ist Plastik, das

wird auf Jahrzehnte noch dort sein. Schande über unsere Wegwerfkultur! Es kostet Überwindung, mit den Latschen in dem Müll herum zu gehen und nach einem Platz für das Holz zu suchen. Wenigstens wird das verrotten. Kaum beim Abladen, kommen eine Frau und ihre heranwachsenden Kinder. Ausgestattet mit einem Einkaufskorb aus Plastik und der Rückwand eines riesigen alten Fernsehers, sammeln sie das Holz wieder ein. Wo soll es denn hingebracht werden? – Auf die andere Seite der Grotte.

Nun gut, dann wieder alles in den Schubkarren. Gemeinsam wird der Schubkarren auf einem alten rostigen Eisenträger über die Senke transportiert, den leichten Hang hinaufgeschoben und dann 100 Meter weiter bei einem Haus abgeladen. „Am Nachmittag gibt es noch mehr", biete ich an, was mit dankbarem Nicken quittiert wird. 2 Stunden später kommt die nächste Schubkarre. Das Holz vor dem Haus ist bereits verschwunden. Ein Klatschen in die Hände (das ersetzt in Brasilien meistens die Türglocke) und ein „Oi,oi – Hallo, hallo" kündigen die Lieferung an. Das Tor zum Hof geht auf, die Frau schaut heraus. Schnell ruft sie ihren Sohn, und gemeinsam wird der Schubkarren zum Abladeplatz bugsiert. Keine Ahnung, was mit dem Holz geschieht. Aber es wird auf jeden Fall weiterverwendet. Das nimmt zumindest etwas den Frust über den furchtbaren Umgang mit dem Müll. Die Leute sind sehr erfreut und bedanken sich sehr. Die Einladung zu einem Glas Wasser lehne ich trotzdem ab – wer weiß, wie bekömmlich ungefiltertes brasilianisches Wasser für einen untrainierten europäischen Magen ist.

Brasilianische Schönheiten

Die Frage kommt komplett überraschend. Den ganzen Morgen haben wir am neuen Küchenhaus im großen Projekt in Bacabal gearbeitet, und jetzt sind wir zu spät beim Mittagessen. Johannes ist noch ins Zimmer gegangen, um sich umzuziehen, ich dagegen setze mich direkt an den Tisch. Dort sind die Schwestern aus Bacabal und auch die Altenpflegerin schon mit dem Hauptgang fertig und in ein Gespräch vertieft. „Findest Du die brasilianischen Frauen schön?", fragt mich eine der Schwestern ganz unvermutet. „Natürlich, sie sind sehr schön", antworte ich. Und das ist nicht gelogen, denn viele Menschen – Frauen, Männer und Kinder – sehen auch nach unseren europäischen Maßstäben attraktiv aus. „Aber die schönste ist  trotzdem meine Frau zuhause!", füge ich noch an, was von den Schwestern mit einem zustimmenden Lachen goutiert wird. Als Johannes wenig später zum Essen kommt, ist diese Diskussion schon beendet. Auf dem Weg zur nachmittäglichen Arbeit erzähle ich ihm davon und frage ihn, ob er die brasilianischen Frauen auch schön findet. „Darüber habe ich mir noch gar keine Gedanken gemacht.", lautet seine Antwort. So kann man potentiell gefährlichen Situationen auch aus dem Weg gehen!

Dass gutes Aussehen ein wichtiges Thema ist, erspürt man immer wieder. Die Mitarbeiterinnen im Projekt sticheln freund-

Duas Lindas

schaftlich, wer auf welchem Bild „linda" (hübsch) oder „feia" (häßlich) ist.

Einige jugendliche Mädchen kommen etwas früher am Nachmittag, um sich von Mariana die Haare neu frisieren zu lassen. Und auch die Jungen und Männer legen Wert auf einen akkuraten Haarschnitt, ein wöchentlicher Besuch beim Friseur scheint die Regel zu sein.

Zwei Tage vor dem Abflug nach Brasilien bin ich zu meiner Friseurin gegangen und habe mir einen Sommerschnitt verpassen lassen, in der Hoffnung, damit die acht Wochen durchzuhalten und nicht in Brasilien zum Friseur gehen zu müssen. Aber das warme Klima lässt die Haare wohl gut wachsen, nach sechs Wochen sehe ich aus wie einer der Beatles – nur halt mit weißen Haaren. Es muss also doch sein. Nur wohin? In Vila Itamar habe ich zwei Friseurgeschäfte gesehen, die mich allerdings beide nicht begeistern. In dem einen steht eine große Couch als Wartebereich, die immer mit mindestens drei Personen besetzt ist. Das heißt: warten, und darauf habe ich überhaupt keine Lust. In dem anderen ist nur selten jemand zu sehen, und der Friseur arbeitet mit einem Mundschutz, so als hätte er Angst, sich bei seinen Kunden anzustecken. Nicht vertrauenserweckend. Also frage ich am Ende des Nachmittags im Projekt, was mir die Mitarbeiterinnen dort empfehlen. Rejane, die Mathematiklehrerin ist und die Kinder bei ihren Rechenaufgaben unterstützt, erklärt mir, dass ihr Sohn Markus Friseur ist und sie ihn anruft, damit er zum Haareschneiden ins Projekt kommt. Das hört sich doch gut an, Vor-Ort-Service ohne Wartezeit. Ich hole schnell meinen Geldbeutel und setze mich auf die Mauer vor dem Kloster, gegenüber dem Eingang zum Projekt. Es dauert keine fünf Minuten und Markus ist da, gemeinsam mit einem Freund. Er ist allerdings kein Friseur, sondern erst zwölf Jahre alt – ich kenne ihn vom Projekt, wusste allerdings nicht, dass er Rejanes Sohn ist. Er holt mich ab, um mich zu einem guten Friseur zu bringen. Da hatte ich wohl etwas tüchtig missverstanden. Gemeinsam mit Markus und seinem Freund trotten wir durch die Straßen, und landen nach wenigen Minuten in einem winzigen Friseursalon. Der war mir bislang überhaupt nicht aufgefallen, wahrscheinlich weil die Tür immer zu ist. Dafür gibt es einen guten Grund: der kleine Raum hat eine Klimaanlage. Welcher Luxus!

Über den gewünschten Haarschnitt kann ich mich mit dem Friseur nicht unterhalten, dafür reichen die Portugiesisch-Kenntnisse einfach nicht aus. Also einfach vertrauen. Als er die Schublade aufzieht, um daraus Kamm und Schere zu holen, wird mir aber ganz anders. Dort liegen nicht nur viele Friseurutensilien, sondern auch jede Menge Haare und Dreck. Wem wohl mit meinem Kamm und meiner Schere schon die Haare geschnitten wurden? Ich will gar nicht dran denken. Lieber schicke ich ein Stoßgebet zum Himmel, dass er mir nicht ins Ohrläppchen schneidet und ich kein Hepatitis bekomme. Das tut der Friseur auch wirklich nicht, im Gegenteil: mit viel handwerklichem Geschick werden die Haare in die Fasson gebracht. Dann nochmal eine Schrecksekunde: um die Nackenhaare weg zu schaben, zückt er ein Rasiermesser. Mir wird mulmig zumute. Aber er greift in seine Schublade und zieht ein Päckchen mit neuen Rasierklingen heraus, von denen er eine einsetzt. Puhhh, das fühlte sich knapp an. Gekonnt werden die letzten Stoppeln entfernt, und ich sehe wieder aus wie ein Mensch. Markus und sein

Freund, die ganz brav gewartet haben, sind zufrieden und bringen mich wieder nach Hause. Und auch im Projekt gibt es am nächsten Tag positives Feedback: „Bonito – schön" höre ich mehr als einmal, von den Kindern wie von den Erwachsenen. Gutes Aussehen ist halt doch wichtig in Brasilien.

Wasser

Der Mittwochvormittag bringt einen neuen Rekord. In gut zwei Stunden werden 20 Schubkarren Sand von dem großen Haufen vor dem Haus auf die Baustelle geschafft. 20 Schubkarren, das sind 1.500 L, 120 Eimer, mehr als 2 Tonnen. 20 Schubkarren Sand, das bedeutet: 20 x in die Schubkarre schaufeln, den Gang entlang fahren, den Sand in Eimer schaufeln, die Eimer per Flaschenzug nach oben ziehen, die Eimer abnehmen und den Sand in eine andere Schubkarre ausleeren, die volle Schubkarre zum Abladeplatz auf der Baustelle fahren. Der Schweiß rinnt in Strömen, aber es ist schön zu sehen, wie der eine Sandberg kleiner wird und auf der Baustelle ein neuer entsteht. Währenddessen finden auf der Baustelle die letzten Verputzerarbeiten statt. Am Nachmittag soll innen alles verputzt sein und dann mit den Fenstern weitergemacht werden.

Doch nach dem sehr heißen, schwülen Vormittag ziehen in der Mittagspause dunkle Wolken auf. Die Arbeit beginnt gerade, da platschen die ersten Regentropfen nieder. Es folgt ein richtiger Wolkenbruch. Einige Kinder, die der Regen auf dem Weg zum Projekt über-rascht hat, stehen pitschnass unter dem Dach und wissen gar nicht, was sie machen sollen. Als nach 15 Minuten der Regen nachlässt, schickt Vanda, die die Arbeit der Lehrer und Erzieherinnen koordiniert, die Nassgewordenen nach Hause, damit sie sich umziehen und mit trockenen T-Shirts wiederkommen. Leider keine gute Idee! Denn kurze Zeit später fängt es erneut an zu regnen, und einige Kinder werden ein zweites Mal nass. Es ist ja nicht kalt, also dann halt mit feuchten Klamotten durchhalten. Den Kindern scheint es wenig auszumachen.

Auf der Baustelle stehen alle Bauarbeiter auf der „bedachten" Seite, die andere Hälfte wird erst in den kommenden Tagen fertig, wenn der Dachstuhl komplettiert ist und neue Dachziegel da sind. Dort ist es mehr oder weniger trocken, denn der Wind  peitscht den Regen von allen Seiten auch ins Gebäude. Elektrogeräte und Zement werden in Sicherheit gebracht; Gerüst, Ziegel, Eimer halten die Nässe aus. Richtig schlimm erwischt es die letzten Verputz-Arbeiten, die natürlich noch nicht getrocknet sind. Hier spült das Wasser große Löcher in den Putz. Man könnte sich richtig ärgern – die Brasilianer bleiben cool, und als der Regen nach einer Stunde zu Ende ist und alles langsam abtrocknet, wird weitergearbeitet, als sei nichts geschehen.

Die Nacht von Donnerstag auf Freitag bringt noch viel mehr Regen. Stundenlang plätschert es so richtig runter. Total ungewöhnlich für die Trockenzeit, in der eigentlich fast kein Niederschlag fällt. Der Freitag beginnt mit Aufräumen: oben wird das Wasser weggeschaufelt, damit es nicht weiter nach unten

durchdrückt. In den Räumen des Projekts haben sich einige Pfützen gebildet, an vielen Stellen tropft die Decke. Die neuen Dachziegel sind am Donnerstag nachmittags noch geliefert worden, jetzt aber auch ziemlich nass. Trotzdem arbeiten wir mit Volldampf am Dach, nachmittags setzt Bauleiter João die letzten Dachziegel ein. Gott sei Dank! Das Wochenende kann kommen, selbst mit Regen …

Auch am Strand hat das Gewitter gewütet. Die Wassermassen haben riesige Gräben in den Sand gezogen, Erde und Steine weggeschwemmt. Am Samstag klafft vor dem Tor des „Ocean Kite Point" ein richtiges Loch. Trotzdem geht es auch hier weiter. Während fleißige Mitarbeiter den ganzen Tag arbeiten, um die Schäden zu beseitigen, hat Johannes die nächsten Stunden in seinem Kitesurfing-Kurs. Das schnelle Fahren mit dem Brett über die Wellen, gezogen von einem riesigen Lenkdrachen, sieht spektakulär aus, aber es ist auch richtig schwer. Wieder gibt es Wasser von allen Seiten. Salzspülungen der Nase sollen gesund sein, angenehm sind sie nicht unbedingt.

Am Ende des Tages geht es schon besser, die Fahrtphasen werden deutlich länger, und zum Schluss klappt auch der Start in die andere Richtung. So macht Wasser Spaß! ☺

Einblick und Ausblick

Mit ihrem schwarz-weiß geschminkten Gesicht und der aufgemalten roten Zunge sieht Juliane aus wie eine Mischung aus KISS-Leadsänger Gene Simmons und Mick Jagger von den Rolling Stones. Im ärmellosen T-Shirt wartet sie auf ihre Kolleginnen, die noch in der Maske sind. Eigentlich sollte es jetzt losgehen, aber einige der Kinder sind zu spät gekommen. Andere waren dafür mehr als pünktlich, schon seit einer Stunde herrscht reges Treiben im Projekt. Für die dunklen Abendstunden sehr ungewöhn-

lich. Um Viertel nach Acht geht es schließlich mit 15 Minuten Verspätung los: mit dem Bus fahren die Kinder, Jugendliche und Erwachsene zur Kirche in Vila Esperança, das nur gut 3 km entfernt liegt. Dort findet seit 19.00 Uhr ein Gottesdienst statt, und im Anschluss gibt es ein Fest, bei dem eine Gruppe aus dem Projekt „Madre Rosa" auftreten wird. Bei der Ankunft ist der Gottesdienst noch voll im Gange. Also genügend Zeit, um die Instrumente aufzubauen, die Mikrofonanlage zu testen und sich in einem Nebenraum umzuziehen. Die Aufführung findet draußen unter freiem Himmel statt, zum Glück regnet es an diesem Abend nicht. Als die Messe zu Ende ist und die Leute nach draußen kommen, bringen viele gleich ihren Plastikstuhl aus der Kirche mit. Andere stellen sich an die Seite oder

gehen erstmal zum Verkaufsstand, an dem es Kuchen, Würstchen und Pommes gibt.

Nur kurz ist die Begrüßung, dann beginnt die Band mit Gitarre, E-Bass, Trommel und Triangel zu spielen. David tritt vor das Publikum. Mit braunem Fell, Schwanz und einem Hut mit Schlappohren erzählt er, bringt die Leute zum Lachen. Wir verstehen natürlich nichts. Erst als Juliane dazu kommt, dämmert es bei uns: es sind die Bremer Stadtmusikanten. Hahn und Katze kommen dazu, sie reden, singen, tanzen! Ein Musical vom Feinsten. Dazu tanzen acht Mädchen Ballett, und die Band spielt. Die Leute lachen, applaudieren, es ist eine tolle Stimmung. Wir sind fasziniert von der Ausdrucksstärke der Kinder, ihrer Fähigkeit, gleichzeitig zu singen, zu tanzen und zu spielen. Und sie haben dabei Spaß, das ist an ihren Gesichtern leicht zu erkennen. Wow! Fast 40 Minuten dauert die Aufführung, die Zeit ist rasch vergangen.

Als das Schauspiel zu Ende ist, kommt die Koordinatorin Vanda Mendes auf die Bühne. Sie erzählt vom Projekt, was die Kinder dort machen, und sie stellt Sr. Rita vor, die als für das Projekt verantwortliche Franziskanerin auch mit dabei ist. Dann spricht sie über uns. Wir verstehen nur unsere Namen und „Alemãos" – die Deutschen –, ahnen, dass sie über unser Arbeiten im Projekt spricht. Die Leute klatschen. Wir möchten am liebsten im Boden versinken, geht aber leider nicht. Also freundlich winken. Gehört wahrscheinlich auch irgendwie dazu. Endlich ist der Auftritt beendet: Schauspieler werden abgeschminkt, Kostüme eingesammelt, die Instrumente und Mikros eingepackt. Um 22:15 Uhr sind wir wieder zurück. Am nächsten Morgen sind nicht nur die Kinder etwas müde.

Auf der Baustelle geht es weiter mit den Fenstern. Auf die Stirnseite des Gebäudes kommen richtige Glasfenster, die erst noch geliefert werden müssen. Die Längsseiten sind anders. Damit niemand in die Höfe und Gärten der angrenzenden Häuser schauen kann, werden Betonsteine eingesetzt, die schräg geschnitten sind. Die Luft kann so zirkulieren, aber man kann nicht nach draußen schauen. Dass so auch kaum Licht reinkommt, fällt schon auf, als das erste Fenster zugemauert ist. Wenn alle acht Fenster so abgedichtet werden, ist der schöne große Raum dunkel, und man wird sich nur mit Licht darin aufhalten können. Gibt es keine andere Lösung? Dino, dem Maurer, gefallen die Betonsteine auch nicht. Glasbausteine wären schöner, sind aber nicht vorgesehen. Noch ist es nicht zu spät. Ein kurzer Austausch mit Sr. Gabi, dann gibt es einen guten Kompromiss: die Hälfte der Fenster mit Betonsteinen für die Luftzirkulation, die andere Hälfte mit Glasbausteinen. Zum Glück haben wir erst ein Drittel der Betonsteine nach oben auf die Baustelle geschafft, so müssen wir sie wenigstens nicht wieder nach unten befördern. Die Glasbausteine sind bestimmt auch viel leichter.

Abschied

„Zwei", sage ich und zeige auf die rotbraunen Würstchen. „2 Kilo oder für 2 Reais", will der Verkäufer an der Fleischtheke des „Emperio de Frio" wissen. „Nein – 2. Um, dois.", zähle ich mit den Fingern vor. „Ah – dois unidade, 2 Stück", kommt als Antwort, und schon wandern zwei Würstchen in die Plastiktüte und werden ausgewogen. Seit einigen Tagen diskutieren wir das Essen und Trinken für die kleine Abschiedsfeier, die am Freitagnachmittag stattfinden soll. Der Einfachheit halber soll es am Ende der Feier Semmeln mit Würstchen geben, dazu Bananen und auch ein paar vegetarische Burger. Am Beginn, sozusagen als Appetizer, Kekse und Bonbons sowie Kräcker mit Guacomole. Vermutlich 80-90 Kinder, Jugendliche und Erwachsene werden kommen, da sind größere Mengen notwendig. Aber wir wollen nicht mit dem Auto zum großen Supermarkt in der Stadt fahren, sondern vor Ort einkaufen. Also werden 180 Semmeln in der kleinen Bäckerei, die manchmal morgens um 7 Uhr schon ausverkauft ist, vorbestellt, das Angebot der örtlichen Geschäfte getestet. Die Bananen aus dem kleinen Obst- und Gemüsegeschäft an der Ecke schmecken prima, die Test-Würstchen wurden für gut befunden. „150 Stück", sage ich nächsten Tag zu dem gleichen Fleischverkäufer, der mich wiedererkennt und gleichzeitig überrascht anschaut. Er zögert nur einen kurzen Moment, dann holt er aus der Kühltruhe eine große Packung heraus und beginnt abzuzählen. Wahrscheinlich kommt es nicht oft vor, dass jemand so viele Würstchen auf einmal kauft und dann noch zu Fuß nach Hause trägt.

Kurz vor dem Abendessen holen wir noch die Getränke: 12 x 2 L Guarana, eine brasilianische Limonade, die von den Kindern

geliebt wird. Es soll sogar Erwachsene geben, die das Zuckerwasser mögen. Auf der Baustelle haben wir nachmittags die Bodenfliesen über die Leiter nach oben geschafft, jedes Paket 29 kg schwer. Da sind die Getränke eigentlich ein Klacks. Wir machen es uns trotzdem einfacher, haben die Schubkarre mitgenommen und fahren die großen Plastikflaschen ganz bequem zum Projekt.

Der Freitag steht ganz im Zeichen des Festes. Am Vormittag werden Burger gebraten, Luftballons aufgeblasen, Bananen eingekauft und die Semmeln geholt. Als wir die Luftballons aufhängen wollen, wird der Ballettsaal gerade geschmückt: mit Lametta, bunten Engeln und einem Weihnachtsbaum aus Plastik, verziert mit Christbaumkugeln und blinkender Lichterkette. Wie kann man bei diesem sommerlichen Wetter und hohen Temperaturen – es wieder fast 35°C – nur weihnachtliche Gefühle entwickeln? Man kann. Denn für die Brasilianer ist es jedes Jahr so,

unsere Winter-Weihnacht ist ihnen fern. Alles Gewohnheit.

Auch bei dem Fest geht es zu wie an Weihnachten. Die Appetizer sind schnell verspeist, dann gehen alle in den Saal. Nur wir müssen draußen bleiben, warten auf das Läuten, dass das Christkind da war. Mit einem Lied werden wir im Saal empfangen, dürfen uns auf den Ehrenplatz mit riesigem Plakat und Teppich setzen. 3 Kinder sagen, wofür sie dankbar sind, Sr. Rita übersetzt. Dann gibt es einen großen Briefumschlag mit Bildern und Texten, von den Kindern gemalt und geschrieben. Damit wir auch später noch etwas zum Anschauen haben. Eine Bildershow wird gezeigt, Geschenke überreicht. Im Stehen singen, schunkeln und tanzen wir alle zusammen: Amigos para sempre – Freunde für immer. Da muss die eine oder der andere eine Träne verdrücken. Zum Abschluss das Essen, Fotos machen, dann verabschieden und aufräumen. Es geht alles sehr schnell, keine Zeit, traurig oder wehmütig zu werden. Was für ein genialer Abschied …

Die Sache mit dem Koffer

Die Geschenke bei der Abschiedsfeier waren wichtig. Für die Kinder haben wir 100 kleine Säckchen mit Süßigkeiten gefüllt: Popcorn, Erdnüsse, Lutscher, Krokant Riegel. Einen ganzen Abend haben wir gebraucht, jedes Säckchen mit einer bunten Schleife zugebunden. Nicht besonders wertvoll, aber für uns eine wichtige Geste, unser Dank an die Kinder und Jugendlichen, mit denen wir so viele schöne Erlebnisse teilen durften. Und für die Mitarbeiter und Mitarbeiterinnen – im Projekt genauso wie auf

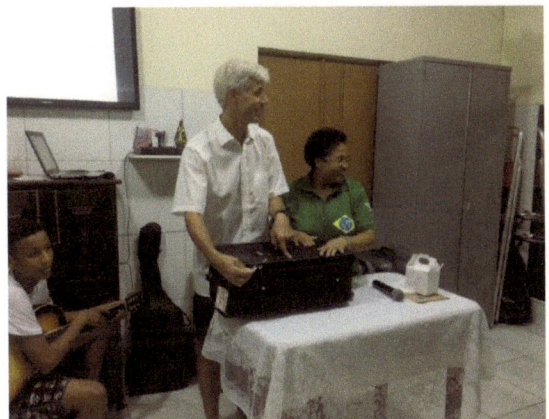

dem Bau – gab es Polo-Shirts. Die hatten wir zu der 60-Jahr-Feier in Bacabal produzieren lassen und dann nach São Luis mitgebracht. In meinem Koffer habe sie in den Saal geschafft, damit niemand schon vorher etwas davon sieht.

Als die Polo-Shirts verteilt und der Koffer leer ist, sage ich zu Mariana Silva, der Ballettlehrerin: „Jetzt ist Platz in dem Koffer, da kommst Du morgen rein und wir nehmen Dich mit nach Deutschland." Mariana nickt begeistert, sie hat sehr eifrig deutsche Redewendungen gelernt und würde Deutschland gerne besuchen. „Não, não – nein, nein!" rufen drei Ballettschülerinnen. Sie wollen nicht, dass Mariana weggeht. Zu sehr lieben sie den Ballettunterricht, und natürlich ihre Lehrerin. „Ok, dann machen wir es anders", erwidere ich. „Mariana kann zusammen mit Johannes fliegen, und ich bleibe hier und mache zukünftig den Ballettunterricht." Wieder strahlt Mariana, aber die Mädels winken erneut ab. Offensichtlich wissen sie um meine fehlende Kompetenz in Sachen Tanz und Ballett. Da fällt mir noch eine dritte Variante ein: „Gut, dann fliege ich mit Mariana nach Deutschland, und Johannes bleibt hier und übernimmt das Ballett." Jetzt strahlen alle, die jungen Damen wären damit sehr glücklich. Nur Johannes schaut etwas irritiert, was aber im lauten Lachen einfach untergeht.

Unterwegs nach Hause

Eine letzte Überraschung gibt es am Flughafen. Gerade wollen wir das Gepäck aufgeben, da kommen 7 MitarbeiterInnen aus dem Projekt auf uns zu. Ob sie wohl gekommen sind, um zu sehen, ob wir auch wirklich abreisen? Nochmal miteinander ratschen, lachen, Fotos machen. Winken, bis wir beim Sicherheitscheck aus dem Blickfeld verschwinden.

2400 Km liegen zwischen São Luis und São Paulo. Es geht eigentlich in die falsche Richtung … viele Stunden später fliegt das Flugzeug nach Barcelona relativ dicht an São Luis vorbei. Jetzt ist Zeit, die Erfahrungen sacken zu lassen: Dankbarkeit für die Begegnungen, die neuen Freunde, die schönen Erfahrungen. Und Vorfreude auf zuhause. Auf Iris, Tobias und Benedikt. Sie sind die wahren Helden unserer Reise, denn sie haben uns gehen lassen, die Arbeit zuhause für uns mitgemacht. Es ausgehalten, dass wir nicht auf Benedikts Tanz-Abschlussball dabei waren, nicht beim Gitarrenvorspiel, nicht beim 50. Geburtstag von Schwager Martin. Danke Euch dreien!

Zuhause sind wir trotz der langen Reisezeit ganz aufgedreht, freuen uns über das Wiedersehen, packen unsere Mitbringsel und auch die Abschiedsgeschenke aus. Schauen uns die liebevollen Briefe und Zeichnungen an, die uns die Kinder aus dem Projekt mitgegeben haben. Sind einfach glücklich.

Und denken an Brasilien! Wir sollten öfter aus Alemanha weggehen … zu Fuß, mit dem Bus oder sonst wie!

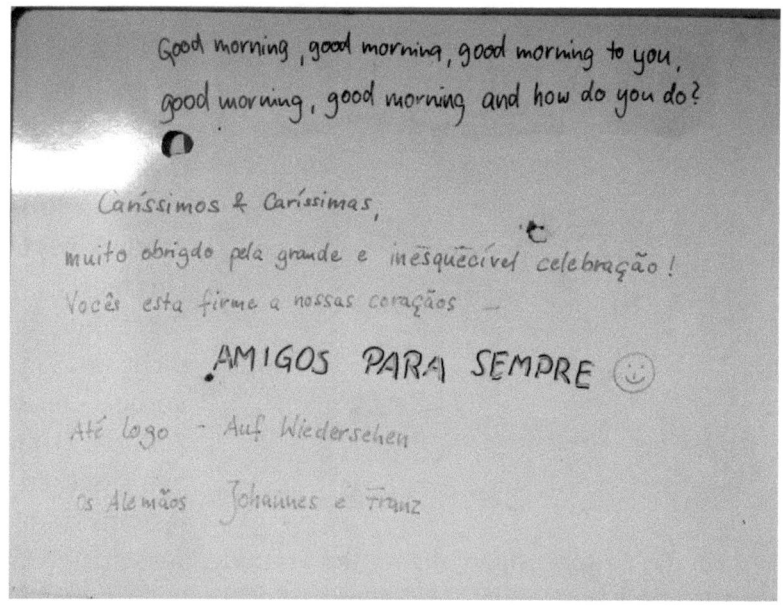

Die Videos

Mit dem Handy gefilmt und geschnitten, gibt es ein paar mehr Eindrücke per Amateur-Videos - hochgeladen auf YouTube. Zum Anschauen einfach den entsprechenden Link in den Browser eintippen:

- Wie man Mörtel macht! (Como fai massa!) :
  https://youtu.be/hesnZgbXMCl

- Mauern in Brasilien! :
  https://youtu.be/jF5HPUnxBkk

- Unterwegs im Auto! :
  https://youtu.be/lgGliCutSaw

- Mhm, lecker Kokosnuss! :
  https://youtu.be/HLncb8nphjs

- Kitesurfen in Brasilien! :
  https://youtu.be/DnJi69pe0Yk

- Baustellenupdate :
  https://youtu.be/2hEAdfb78Gs

Die Zeichnungen der Kinder zum Jubiläumsfest

Für das Jubiläumsfest in Bacabal haben die Kinder gezeichnet und geschrieben, was sie vom Leben erwarten, was ihnen im Projekt wichtig ist. Eine kleine Auswahl:

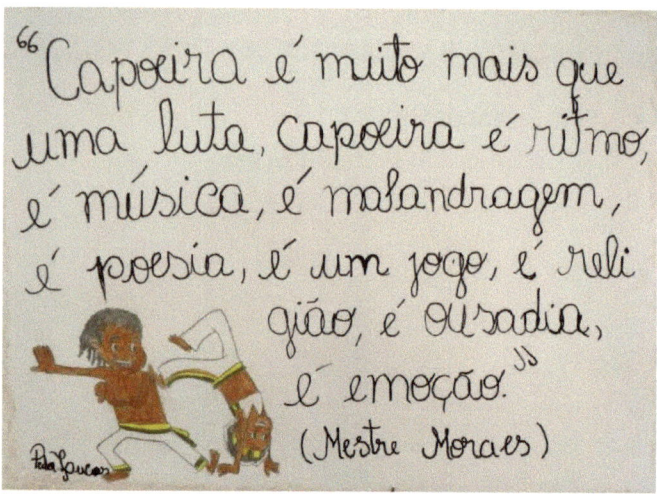

Die Briefe der Kinder zum Abschied

Während des Abschiedsfestes überreichen die Kinder uns einen Umschlag mit kurzen persönlichen Briefen und Zeichnungen, die sie für uns angefertigt haben. Besser kann man die Freundschaft und Zuneigung, die in den gemeinsamen Wochen entstanden ist, nicht ausdrücken! Eine kleine Auswahl:

Adryann
Rva Johanes

You are a good boy
Thank you!!!

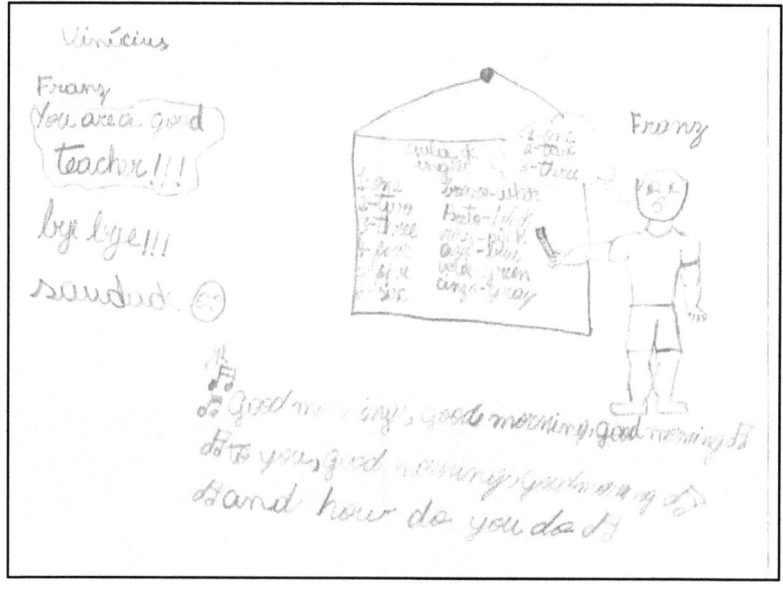

Vinícius

Franz
(You are a good
teacher!!!)

bye bye!!!

saudad. ☺

Franz

♪ Good morning, good morning, good morning ♪
♪ To you, good morning, good morning ♪
♪ And how do you do ♪

Olá, tio Frang, e Johanes quero que
tinha uma Boa Viagim Para Alimanha e
syam abençõodas de Deus. Quero qu
não acontiça nada de errado que chegu
Bem na Alimanha. E gostei muito d
Conhece vocês, são alegre, e muito amiga
He? Paulo Rogério Para: Franz e Johanes.

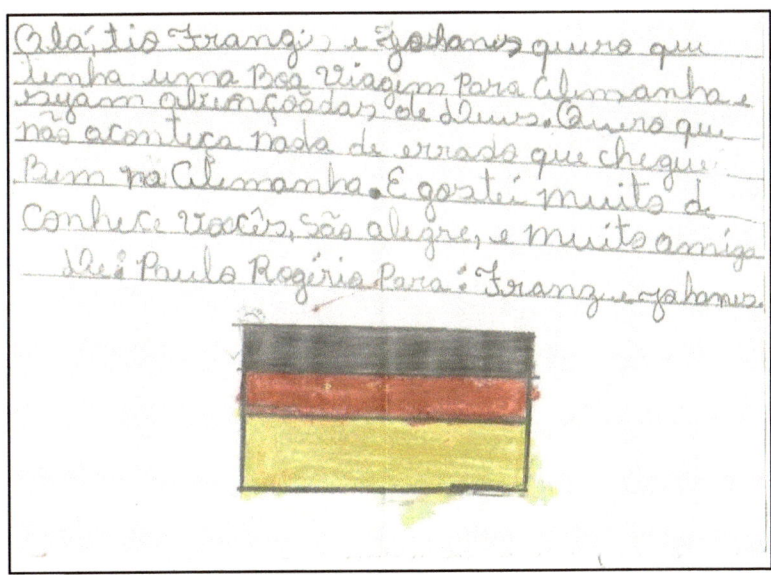

Das Kinderprojekt „Madre Rosa"

... geht weiter! Die vielfältigen Aktivitäten, die in den vergangenen 20 Jahren in Bacabal und São Luis entstanden sind, gaben und geben Hoffnung und Zukunft für Tausende Kinder und Jugendliche. Natürlich gelingt diese Arbeit nur, wenn sie auf breiten Schultern ruht, wenn viele Menschen mithelfen.

Wenn Sie diese Arbeit unterstützen möchten – ideell durch Ihr Interesse und Darüber-sprechen, spirituell durch Ihr Gebet und solidarisch durch Ihr Mittun oder Ihre Spende, wenden Sie sich gerne an:

Waldbreitbacher Franziskanerinnen
Sr. M. Wilma Frisch
Margaretha-Flesch-Straße 8
56588 Waldbreitbach
Telefon 02638 81-1240
E-Mail: sr.wilma@wf-ev.de

Spendenkonto:
Waldbreitbacher Franziskanerinnen e.V.
IBAN: DE27 5745 0120 0002 0015 01
BIC: MALADE51NWD (Sparkasse Neuwied)
Verwendungszweck: Spende Kinderprojekt Brasilien

Herzlichen Dank!

Der Erlös aus dem Verkauf dieses Buches geht ebenfalls an das Projekt „Madre Rosa".